U0079003

超驚奇

世界奇人異事大搜密

蒐羅世界各處的奇景怪象及大千世界形色各異的人類，

帶您進入精采奇妙的神奇世界暢遊！

AMAZING! THE WORLD IS FULL OF SURPRISE

i-smart

智學堂
智慧是學習的殿堂

國家圖館出版品預行編目資料

超驚奇！世界奇人異事大搜密！/ 余沛星編著.
-- 初版.-- 新北市：智學堂文化,
民103.12 面； 公分. -- (神祕檔案；16)
ISBN 978-986-5819-55-2(平裝)
1.奇聞異象
297   103020507

神祕檔案：16

超驚奇！世界奇人異事大搜密！

編　　著 ── 余沛星
出 版 者 ── 智學堂文化事業有限公司
執行編輯 ── 林美玲
美術編輯 ── 蕭佩玲
地　　址 ── 22103　新北市汐止區大同路三段一百九十四號九樓之一
　　　　　　TEL　（02）8647-3663
　　　　　　FAX　（02）8647-3660

總 經 銷 ── 永續圖書有限公司
劃撥帳號 ── 18669219
出 版 日 ── 2014年12月

法律顧問 ── 方圓法律事務所　涂成樞律師
cvs 代理 ── 美璟文化有限公司
　　　　　　TEL　（02）27239968
　　　　　　FAX　（02）27239668

超驚奇世界奇人異事大搜密
AMAZING! THE WORLD IS FULL OF SURPRISE

PART 1
*形色各異的*人類

PART2
特異功能怪談

PART 3
神祕的靈幻世界

PART4
出人意料的世間奇事

PART5
越異域魔境的*神祕地帶*

PART 1
形色各異的人類

AMAZING! THE WORLD IS FULL OF SURPRISE

 狼人

　　世界各民族的文化裡都有關於人變為野獸的神話傳說，中國有狐妖，非洲有獅人，秘魯有豹人，印度有虎妖，這些野獸在當地人眼裡令人生畏；歐洲人對於狼有著特別的恐懼，這種恐懼起源於北歐和東南歐的一些民間傳說，在這些地方，狼被視為致命的野獸，尤其是對於窮人。

　　近半個世紀以來，狼人無疑已經成為西方神祕文化中最熱門的話題之一，這種怪物平時從外表看與常人並無不同，但一到月圓之夜就會變身為狼。「即便一個心地純潔的人，一個不忘在夜間祈禱的人，也難免在月圓之夜變身為狼。」

　　阿卡迪亞人在十八世紀遭到放逐，此後移居美國，居住在阿拉巴馬南部和密西西比東南部，混有白人、黑人和印第安人的血統，他們將狼人稱為「Loup-garou」。

　　在歐洲傳說當中，也有有關狼人的說法。古世紀的歐

洲，大陸爆發瘟疫，人們紛紛死去，村落裡一個名字叫做
科維努斯的年輕人為了生存下去擺脫瘟疫的困擾，經過研
究生命的起源得到啟示而成為了村落裡唯一的倖存者。

科維努斯的後代一共有3位，不幸的是3位中的一位被
染過病毒的蝙蝠咬傷，另一個被染了病毒的狼咬傷，只有
一位是完整的以人的形態活了下來，他的兩個兄弟由於染
上病毒產生變異，一位成為吸血鬼的始祖，另一位成為狼
人的始祖。從此狼人和吸血鬼便在歐洲流傳開來。

希臘神話中也有有關狼人的故事：

相傳萊卡翁（Lycaon）是阿卡迪亞（古希臘山地牧
區，以境內居民生活淳樸與寧靜著稱，後來成為「世外桃
源」的代名詞）的國王，擁有許多妻子、五十個兒子和一
個名叫卡里斯托的女兒，有的故事說萊卡翁是一個殘暴的
國王，有的故事說萊卡翁是個好國王，但他的兒子們卻不
敬神，總之，宙斯在前往阿卡迪亞的時候因其招待不周而
大為光火，遂將萊卡翁變為一匹狼。

因此，希臘神話中把狼人被稱為「Lycanthrope」，其
中「Lykos」是「狼」的意思，「Anthropos」是「人」的
意思。「Lycanthrope」這個單詞用在醫學方面表示「變狼
狂患者」，指那些臆想自己為狼的心理病人。

在是古薩克森語狼人被稱為「Werewolf」，是「wer」
（義為「人」）和「wolf」（義為「狼」）的結合詞，之
所以把「人」放在前面，把「狼」放在後面，是因為狼人
的變形過程是由人至狼，而在《柏德之門2》裡有一種怪
物則正好相反，它們的變形過程是由狼至人，因此被稱為
「Wolfwere」。

奇特的「變色人」

　　世界上有一些人在突然之間改變了自己的膚色，這種情形非常罕見，也讓科學工作者迷惘不解。

　　1980年，巴西有個名叫曼努埃和8歲黑人男孩。他在發了幾天高燒以後，竟然由一個黑人男孩變成一個金頭髮、白皮膚的孩子。在紐約，一個黑人女性埃迪，有一次因患肺結核住院，在手術中一度心臟停跳，其後昏迷了3天。就在她昏迷不省人事時，她的黑色皮膚居然奇蹟般地變白了。在印尼的中加里曼丹，有個婦女生下了三胞胎，奇怪的是他們竟是「三色人」：其中一個是黑色，僅胸部有紅與白的斑點；另一個是紅色，全身佈滿綠色的斑點；還有一個是正常的黃種人膚色。在中國，也發現了這類變色人種。在中國廣西合山市，一個24歲的婦女生下了一個黑女孩，她全身皮膚75％～80％為黑色，而孩子的爸爸媽媽都是黃種人。

死不了的人

　　每個人的生命軌跡都像一個圓，從出生開始走過或長或短的人生，最終都會面對死亡，回到原點。所以，死神最終會敲響每一個人的門，只是不知何時，以何種方式而已。有時死神潛入睡夢，無聲息地掠走生命；而有時，它的大鐮刀又會在最該死的時候遲疑。下面是人類史上最不可思議的九位戰勝死神的人。

伊斯特羅·梅加

　　2004年，梅加在施工時，不慎從屋頂高處跌落。跌落的高度並不致命，致命的是插入頸部和顱腔的6根9公分長的釘子，釘子與腦幹、脊髓差之毫釐。但他活了下來。時至今日，他腦袋裡一根釘子也沒有了。

理查·布拉斯

　　理查·布拉斯是加拿大黑幫的頭目，他曾多次歷經死亡風險，卻神奇地活了下來。

　　1968年，黑手黨終於決定要殺掉布拉斯。就在布拉斯

在酒吧喝酒時，兩個職業殺手突然闖入，對他連開了數槍，而他毫髮無傷地逃走了。布拉斯一直藏身在蒙特利爾市郊的「歡樂大廈」旅館，兩週之後又被黑手黨發現。黑手黨的人放火點燃了旅館，熊熊大火中有三人被燒死，但是布拉斯再次逃出生天。

到了1968年10月，黑手黨並未放棄要殺掉布拉斯的計畫。在一個汽車維修廠裡，他們伏擊了布拉斯和他的同夥。布拉斯的頭部和背部都中了槍，但是，他卻在最後關頭開車逃亡，逃入醫院接受治療。

1969年1月，布拉斯因搶劫銀行和槍擊員警，在法庭上因兩名黑幫分子的背叛，布拉斯被判入獄40年。一年後他成功越獄了，但是不久之後再次被捕，又再次越獄。這次越獄後，布拉斯決定要報復在那兩曾在法庭上背叛他的黑幫分子，他在一個酒吧中把這兩人殺死以後，又把其他人反鎖在酒吧裡，點燃了整個屋子。三天之後，布拉斯終於身中23槍而亡。

香儂·馬婁伊

香儂·馬婁伊曾經遭遇了一場嚴重的車禍，這場車禍使她的腦袋和身體分了家，頸椎錯位、頸部所有韌帶和肌腱撕裂，只剩下皮膚相連。但她卻奇蹟般地活了下來。之

後，香儂進行了幾次大手術，包括把顱骨和脊椎重新接合。等到大腦和脊髓的腫脹消除後，醫生又對她遭到嚴重骨折的骨盆和腳踝進行手術。如今的香儂，因神經受損而時常鬥雞眼，語言能力也大不如前。但是，至少她活了下來。

阿海德‧伊斯拉斐

1987年，年僅14歲的伊斯拉斐因為槍支走火而被轟掉了半個腦袋。但是他仍活了下來。為了使他外觀盡可能像一個正常人，醫生用矽脂將他腦袋上的大洞填滿，之後移植了頭皮，種上頭髮。

顱骨成形手術讓這個勇敢的孩子綻放出天使般的笑容。「我學會以一顆感恩之心面對世界，因為你不知道什麼時候就會失去一切。」如今伊斯拉斐已經以全新的面貌投入生活，還以優異的成績從大學畢業。

羅伊‧沙利文

在紐約和南卡羅來納的金氏博物館內，一直保存著羅伊‧沙利文的「雷電帽」。羅伊‧沙利文是世界上被雷擊中次數最多卻奇蹟生還的人，也是這項世界紀錄的保持者。人被雷電劈中的機率微乎其微，在不同時間兩次被雷擊中的機率幾乎為零，然而羅伊‧沙利文卻在一生中被雷

擊中了七次。

第一次被雷電擊中是在1942年，沙利文在瞭望塔上，被雷電擊中了他的小腿，他因此喪失了一塊腳趾甲。

第二次被雷電擊中是在1969年，沙利文駕車行駛在盤山公路上，他被雷擊得昏過去，眉毛也全被燒掉。

第三次是在1970年，他在自家庭院被雷擊中了左肩。

第四次是在1972年，在森林哨所，他被雷電擊中後頭髮起火，從此以後他都隨身攜帶一壺水。

第五次是在1973年，這一次雷電擊中了沙利文腦袋，將他從車裡震飛，並再次令其頭髮起火。

第六次是在1974年，沙利文在野營時被雷電擊中，導致他的膝蓋受傷。

第七次是在1977年，這也是沙利文最後一次被雷電擊中，當時他正在釣魚。雷擊使他的胸部和胃部燒傷，因此而住院治療。

菲利斯・蓋吉

菲利斯・蓋吉是一名鐵路工人，1848年9月13日，蓋吉向預先鑽好的孔洞中塞滿炸藥、鋪設引信、蓋上沙土，用鐵棍搗實。就在這時，炸藥卻意外的爆炸了，鐵棍穿過他下巴，貫穿整個腦袋，飛出10公尺遠。沒過幾分鐘，蓋

吉拍拍屁股爬起來，慢慢走開。但是在幾天之後，他的腦袋中長出一個真菌瘤。又過了幾週，他的頭部流出兩百多毫升膿液。由於額葉皮質嚴重受損，蓋吉完全忘記了社會禁忌，經常行為不端。他的朋友和家人也發現他脾性大變。直到今天，蓋吉的頭骨和那根鐵棒都還陳列於波士頓沃倫解剖博物館。

安‧霍吉斯

在阿拉巴馬自然歷史博物館的展品裡，有一顆4公斤重的隕石，從1955年起就一直安靜地躺在那裡。這顆隕石是由一對叫霍吉斯的夫婦捐出來的，它也是霍吉斯太太受傷的「原凶」。

1954年，阿拉巴馬州斯拉考加市，霍吉斯太太正在客廳打瞌睡。一顆柚子大小的隕石從天而降，擊穿房頂，在收音機上彈了一下，狠狠地砸在霍吉斯太太的手臂和臀部。霍吉斯太太雖然受傷嚴重，但尚能行走。後來，這顆隕石被聞風而至的美國空軍帶走，霍吉斯先生透過官司把隕石要了回來，可是空軍方卻是在一年後才歸還了隕石。房東認為他們應該把隕石賣了，賠償房子被砸壞的損失。可是此時公眾熱情早已減退，沒有人對這塊4公斤重的隕石感興趣了。於是他將隕石捐給阿拉巴馬自然歷史博物

館，展覽至今。

魯格‧希布利斯

在美麗的馬丁提克島上，一座監獄牆上寫著：「犯人希布利斯是皮貝利火山爆發唯一倖存者」。馬丁提克島半地下的監獄，是全城最牢固的建築。1902年，希布利斯就被關在這座監獄的單人牢房中，三面都是密不透風的石牆，背對火山的一面是僅有一條透氣縫的鐵門。也是這座監獄救了希布利斯一命。

加勒比海皮貝利火山爆發時掀起遮天蔽日的煙塵，熱空氣卷攜著火山灰飄向四周，蒸汽混合著毒氣和塵土，溫度已超過1000度。火焰將所過之處夷為平地，全島百姓都死於高溫和窒息。但是希布利斯所在的監獄的特殊地勢，阻隔了大多的毒氣和塵土。希布利斯把尿澆在衣服上堵住門縫，這沒能阻擋炙熱的火山灰灌進牢房，以致他四肢和背部嚴重燒傷，但濕衣服使他沒有吸入滾燙的空氣，所以希布利斯成為這次山中爆發中唯一的倖存者。

卡朋特

21歲的本‧卡朋特也有一段從生到死再起死回生的驚險之旅。

一天，卡朋特坐著輪椅穿越泡泡鎮的馬路，一輛卡車

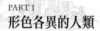
因紅燈停下，卡車司機卻沒能看到卡朋特，「意外地」鉤住了他，以時速80公里將他拖行了6公里，直到輪椅的支架掀翻了卡車格柵。

　　在這次起死回生的經歷後，卡朋特就成為了名人。但是他每天都要忍受電視臺和報紙的連番轟炸，卡朋特這樣說道，「這件事讓我明白，世界上最恐怖的事就是成為好萊塢明星。我不知道那些明星如何能忍受天天被攝影機指著，還要成天在鏡頭前擺出各種動作。一次兩次感覺還好，但幾天下來我就受不了了。」

長相奇怪的人

臉上長字的人

中國湖南省新化縣楊木洲鄉新大橋村，有一個相貌奇特的小男孩，他的面部上看上去有一個明顯的「天」字。他的雙眉相連，又黑又粗，且額頭上有一帶絨毛的黑跡與雙眉平行，恰如「天」字上面的長短兩橫；他的鼻樑兩側各有一縷黑毛，兩縷黑毛就和常人頭髮一樣粗，看起來恰似「天」字一撇一捺，當地人都稱他為農家「小天子」。

烏鴉人

所謂的烏鴉人是在墨西哥發現的4個相貌奇怪的男人。他們全身黝黑，皮膚乾燥，禿頂，沒有牙齒，頜骨突出，鼻子扁平，外表看起來極像烏鴉。另外，他們以捕魚和採集野生植物為生，也不會講當地的西班牙語，過著孤僻的生活。

蟹人

中國福建省建歐縣東遊鄉，有一個長得像蟹的青年李

某。李某的頭頂有4支骨質硬角，右手中指和左手食指也異常肥大，而且，左手食指比他左手中指長出兩倍。因他的外表看起來有些像螃蟹，人們都叫他「蟹人」。

橡皮人

著名的巴林貝里馬戲團裡有一個全世界著名的「橡皮人」，他的名字叫詹士‧莫里斯，1859年出生在美國紐約州。莫里斯的皮膚能夠隨意拉長，在他表演時，可以將胸口的皮膚拉到頭頂，將一隻腿的皮膚拉起蓋在另一隻腿上。莫里斯是在早年的時候，無意中發現自己的皮膚能夠拉長的，於是他常常拉長自己的皮膚去嚇唬鄰居、親友。後來，一些聯誼、慈善籌款也請他去表演。1882年，他被當作「天才」，而加入了巴林貝里馬戲團。

後來經過檢查，醫生認為莫里斯因皮膚纖維生長不正常患了「彈性皮膚病」。

半面臉不出汗的人

中國內蒙古杭錦後旗建築工程隊，有一個叫範貴生的男性，1958年出生。不管天氣多麼熱，他始終都是半面臉不出汗，而另半面臉是與正常人一樣出汗的。他還有一個與眾不同的怪癖：睡覺從來不用枕頭。

單頭雙面人

1988年1月23日在美國邁阿密市傑克遜紀念醫院，出生了一個頭上長著兩個面孔的男嬰。這名男嬰只長著一個腦袋，但是頭部卻有兩個完全獨立的面孔，每副面孔都有口、鼻和兩隻眼睛。他身體的其他部位，除脊骨有些外露外，也沒有別的異常之處。經過醫生檢查，發現這名嬰兒雖然只有一個腦袋，但他的腦組織不健全，他即使能活下去，也將成為植物人。

花臉人

在中國河南省南召縣板山坪鄉沙石村，有一個長著花臉的男孩。該男孩出生於1986年7月30日，出生時兩鬢各有一塊上寬下尖的三角形白色皮膚，每塊分別從左右大眼角處，而且都以30度夾角過鬢延伸到頭髮之中。不同膚色的邊沿整齊得如尺量過一般。鼻翼和下顎皮膚也為白色，其他面部均為紅色。紅色的皮膚紅如塗丹，白色的皮膚白如敷粉，整個面部紅白鮮明，分界清晰。整張臉就像中國戲劇中的臉譜一樣。

男孩的父母都是農民，身體健康，家族裡也都未出現過類似的花臉人。後來，孩子並未在身體上出現任何不適，一直都體質健壯，發育良好，一切正常。

雙頭怪人

　　在一個美國馬戲團中曾經有一個雙頭怪人，名叫巴斯卡，墨西哥人。巴卡斯一生下來就有2個頭。巴卡斯從小就被父母拋棄，人們都罵他是妖怪，他一直過著行乞的生活。12歲時，巴卡斯曾苦苦哀求醫生為他割下小頭。但是醫生告訴他，這小頭是他的孿生弟弟。如果切下來的話，兩人都生命難保，巴斯卡絕望了。但小頭卻漸漸長大，約有3公斤重。有一天，巴卡斯在睡覺時，小頭居然開口對他說：「哥哥，側過頭來睡，我右耳痛。」從此巴卡斯也有了談天的對象，減少了寂寞。

　　32歲那年，他加入了一個美國馬戲團。稍經訓練，就能出場表演。在巴卡斯的表演中，總是由他先向在觀眾的掌聲中說幾句客氣話，然後再揭開特製的帽子讓「弟弟」也向觀眾問候一番。就這樣，巴卡斯度過了15年的表演生涯。1985年因為心臟病發去世。

長角長刺的人

　　人的皮膚是人的第一防禦線，而如果人的頭上長角，身上長刺，你會不會覺得很奇怪？

　　在中國歷史上的記載中，就有大量是關於身體上長角的人。比如中國晉朝的《華陽國志》上說，四川涪陵有個婦女，「頭上角，長三寸，凡三截之。」明代的徐應秋在《玉芝堂談薈》裡，一口氣記載了9個頭上長角的人。

　　元代名醫朱丹溪、清代名醫陸定圃都曾遇到過頭上長角的患者。近些年來，山西、江蘇、廣東、河北、山東等地都發現有頭上長角的病例。也有人論證，《詩經》中的「黃髮兒齒」，出土文物上的「萬年羊角」，都是指頭上長角的這種事。

　　在國外，也發現了大量人身上長角的病例。1844年，美國的威爾遜首次公佈了90例「長角」的人。1889年，美國學者哈靈根統計，在123,700個美國人中，長角的竟有42例。

　　透過對這些長角的人的研究發現：首先，他們的角不一定長在頭上，也可長在面上和身上。1917年有報紙報導，一位21歲的朝鮮青年，除胸部外，全身皮膚長滿了大小不一的角，總計至少有1600支。

　　其次，角的長短也不一樣。有的人角長得很長，一位黑人婦女的角長18公分；中國解放前東北有一男子的角長26公分；國外更有角長30多公分的人。

　　第三，長角的大多是古稀老人，雖然也有從3歲起就開始長角的人。但由於多數是老人才有，因而被認為是種壽兆。

　　那麼，人為什麼會上身上長角？醫學界認為，人體長角是一種皮膚高度角化症，但這些人的皮膚會高度角化的原因卻是不清楚的。

　　如果你覺得長角的人奇怪，那麼列奇怪的還有身上長滿刺的人，而且這些人身上的刺都是拔了會再長的，永遠也拔不淨的。

　　丹麥有一個名叫尤克的27歲男子，他就是著名的「帶刺人」。尤克並不是天生長刺的，他是在一次野外旅行時不慎摔倒在荊棘叢中，身上沾滿了小刺。但是，當他把這些小刺拔盡後，令人驚奇的是，他的身上又慢慢地長出了

新的刺。為了治療這些刺，尤克去過醫院147次，拔出了3900根小刺，但小刺仍不斷長出。

中國陝西省商洛地區，在1984年的統計中，這個地區就有5人身上長有「仙人掌刺」那樣的毛髮，其中1人小腿上段外側較多，手指、口角等處也有。醫院已先後為這個人拔除100多根，但毛刺依然繼續出現。

南斯拉夫有位婦女，從1972年起，從她的皮膚針刺點上會定期「冒出」1毫米到1公分大小的金屬顆粒，這些地方長期不能癒合。研究人員分析了這些顆粒，發現它含有矽、鎂和銀，因為是「全球獨一無二」的病例，所以醫生也不知道如何來治療她的怪病。

長尾巴的人

　　人們都知道，尾骨是人類進化殘留的一個痕跡，當人類從猿類進化而來時，人類已有很長時間停止發育生長尾巴了。

　　可是，在印度西孟加拉Alipurduar地區，就有一個男子錢德瑞・奧拉姆，他竟然長有13英寸的尾巴，他因此而成為當地人倍受崇拜的人物。因為當地的人們認為奧拉姆是猴神轉世。這個尾巴給他帶來了許多好運，每天都會有數以千計的人們排著長隊想獲得他的祝福。在他家中庭院的一個角落，他還建造了一個簡單的猴神廟，在這裡他將接納的貢品以神的名義傳送給猴神。

　　經過醫生診斷說，奧拉姆的尾巴其實是一種疾病，因為人體長出真實的尾巴十分罕見，一些不同程度長有尾巴跡象的人們是從脊椎骨末端的尾骨長出來的，然而，奧拉姆的尾巴卻是從腰部末端長出來的。他的這種現象顯示了他可能是天生的畸形，也有可能是患有脊柱裂，進而導致

長出一根尾巴。即使如此，他的家人還是時常以他的尾巴為自豪，並曾多次拒絕醫生提出的手術治療。他的姐姐雷克哈說，「如果他失去尾巴後就無法生存！這是他生命延續的一個重要部分。」

　　然而，他的尾巴雖然為他帶來了許多好運以及尊重，但是也是由於他的尾巴使他很難找到伴侶。直到現在，他已經差不多被20個女孩拒絕了結婚的請求。當那些女孩見到奧拉姆時，對他的印象都很好，也表示願意進一步接觸。但是不久之後，當奧拉姆露出他的尾巴時，女孩們都會離他而去。但是他還是相信真愛是存在的，並下決心要娶一個能夠接受他的尾巴的女孩。否則，他將像猴神一樣保持著單身生活。

蘇格蘭高地大灰人

　　柯里教授是英國皇家學會會員、倫敦大學教授，同時也是一位登山專家。1845年，他獨自一人登上蘇格蘭高地凱恩果山脈的最高峰——1300公尺高的班馬克律山。

　　可是卻發生了一件令人感到奇怪的事：他每走幾步，就會聽到一聲巨大的腳步聲，彷彿有人在山霧中以大他三、四倍的步伐緊跟其後。他立即停住左右張望，由於大霧什麼也看不清，四周也摸不到任何東西。他只好邁開步子繼續前進，與此同時，那怪異的腳步聲又隨之響起。柯里教授禁不住毛骨悚然，一口氣跑了七、八公里。從那以後，他再也不敢獨自攀登班馬克律山了。

　　1926年又有兩位先生稱他們在班馬克律山遇到「大灰人」。柯里教授的奇遇引出各種關於山妖「大灰人」的傳說。人們都說會有一種奇特的力量把人引向「斷魂崖」，之後就身不由己地跳下去送死。

　　二戰期間，1945年5月末的一個午後，空中救援人員

彼得‧丹森正在班馬克律山山頭巡邏。忽然間濃霧急降，丹森便原地坐下休息。他掏出三明治和一塊巧克力，正吃著，忽然間憑著登山者特有的敏銳感，覺得身邊多了一個人，但他並沒太在意。接著又發覺脖子上有什麼冰涼的東西，他認為是水氣增多的緣故，於是他披上了帶帽外衣，還是不去理會。又過了一會，他仍然覺得脖子上有股壓力，這回他終於站起身。

這時他突然想起「大灰人」的傳說，也就在這一刻，丹森發現一切都是真的，並意識到要逃下山去，可是已經晚了——他正在以一種難以置信的速度，飛快地跑向「斷魂崖」。雖然他極力想停下腳步，但根本做不到，就好像有人在背後推著他跑似的，他也試圖改變方向，可仍然辦不到⋯⋯

不僅是在班馬克律山有「大灰人」，其他地方似乎也存在「大灰人」。1928年夏季的一天，作家瓊‧葛蘭特和丈夫李斯里先生一起在凱恩果山區散步。那天天氣晴朗，突然間，葛蘭特心中的懼意一陣陣地強烈起來，最終她撇開丈夫，拔腿往回去的方向飛奔。李斯里先生被弄得摸不著頭腦，在後面邊追邊喊：「喂，親愛的，發生了什麼事？」可這時的葛蘭特，只顧拼命奔跑，哪裡有喘氣的功

夫告訴她丈夫，況且她似乎根本講不出個究竟來，只是感覺身後有一個滿懷惡意的怪物緊緊跟著她，而且越來越近；雖然她並沒看清那怪物的模樣或身影，但卻能清晰地聽見它「咚咚」的腳步聲。

就這樣，跑了大約2000公尺，她似乎越過了一個看不見的界線，突然間又覺得什麼都安全了。一秒鐘之前還為了性命竭力掙扎的葛蘭特，這時又莫名其妙地脫離了危險。

萊林赫魯山也存在「大灰人」。蘇格蘭著名女作家溫蒂·伍德在一個陰霾的冬日，途經萊林赫魯山入口的石子小徑時，忽然聽到身後傳來一聲巨大的迴響，這聲音好像是衝著她來的，要和她用當地的蓋爾語交談。

伍德小姐被嚇得魂飛魄散，話都說不出來了。鎮靜了一下後，稍有恢復的伍德小姐自我安慰地說：「不要怕，那不過是野鹿嘶鳴產生的回音。」這念頭剛一閃現，那奇怪的聲音又從她腳邊響起來，而且這回連她自己也可以肯定那絕不是動物的叫聲——而是人類的語言！最終，這個勇敢的女人還是堅強地恢復理智，兜著圈子慢慢地向四周看是否有人受傷。搜索了半天，一無所獲。這時恐懼又襲上她的心頭，她不由得加快腳步往回返，只覺身後有什麼

東西跟著她，並且腳步聲越來越急，越來越近，直到聽前面村子的犬吠聲，伍德小姐的一顆心才算落了地。

其實講到「大灰人」的故事，必須要提亞歷山大‧杜寧先生——傳說他殺死了一個大灰人。杜寧先生是一位經驗豐富的登山專家，又是一位自然學者和攝影家。1943年10月，他打算用10天的時間獨自攀登凱恩果山。他沒帶足乾糧，只是準備了一把左輪手槍。在登山的過程中，忽然間大霧襲來，寒氣逼人。他擔心遇上暴風雨，就趕緊往回走。這時，霧中傳來一陣奇怪的聲音，「碰碰碰」，很像腳步聲，從聲音間隔的時間聽來，步伐邁得很大，他下意識地摸了摸口袋裡的左輪槍。沒過多久，眼前出現了一個奇怪的形體，不等他看清楚，那身影便向他撲過來，顯然是帶有攻擊意圖的。杜寧毫不遲疑地向那影子連開三槍。可是子彈似乎沒起作用，影子依然向他逼近，杜寧先生只得拔腿逃跑了。

如果「大灰人」僅僅是一個傳說，它為什麼會被現代許多著名學者、作家、登山專家和軍人的親身經歷屢屢證實呢？若這不是迷信虛幻，但是時至今日，蘇格蘭高地的「大灰人」仍是一個難解之謎。

西藏雪人

　　喜馬拉雅山雪人是一種讓人著迷神往的神祕動物，他們是居住在岩石上的一種動物，因此人們也把雪人被稱作「夜帝」(Yeti)。多年來，在雪人考察中發現的毛髮、腳印、手骨等證據引發了科學家們對於雪人是否存在的激烈爭論。人們最關心的莫過於：這種神祕的人形動物真的存在嗎？如果存在，牠與人類究竟有著怎樣的親緣關係？

　　關於雪人的傳說可以追溯到西元前326年，牠們高1.5公尺到4.6公尺不等，頭顱尖聳，紅髮披頂，身上長滿灰黃色的毛，步履快捷。有關雪人的傳說逐漸被神祕動物學家承認，吸引著無數探險家來到喜馬拉雅地區，找尋這個為人類帶來無限幻想空間的神祕動物。

　　中國西藏自治區墨竹工卡縣也有一個關於雪人的傳說。傳說在800多年以前，修建止貢提寺的時候，白天人們在工作，到晚上就有雪人從山上下來幫助人們搬石頭壘牆。據說當時為了感謝雪人，寺廟裡的人請雪人站在一片

石頭上，用力踩上了腳印和巨石一起留作紀念。這個幾百年前的由喇嘛口口相傳至今的傳說告訴人們，雪人似乎是一種善於模仿人動作的動物，力氣很大，能學人搬石頭壘牆。遺憾的是這情景究竟是哪個僧人看到的，寺廟裡卻沒人說得清楚。喇嘛還說，寺廟裡至今還保存著一塊作為鎮寺之寶的雪人骨頭。

　　1984年秋季，登山隊員在喜馬拉雅山卓奧友鋒北麓海拔6000公尺的無人區發現了神祕大腳印。

　　1986年的一個黃昏，義大利登山家梅斯納在攀登喜馬拉雅山一個陡峭的山坡時，突然發現前方不遠處站立著一個龐然大物，幾乎同時對方也發現了他，縱身躲進了叢林。梅斯納緊隨其後，發現那個怪物足有7英尺高，身體異常強壯，動作迅速敏捷，牠時而四肢著地、時而兩腿直立，無論樹枝還是溝壑都不能使牠奔跑的速度減慢。此時的梅斯納突然想到：「雪人！這一定就是人們經常提到的雪人！」

　　2002年3月9日，西藏登山隊在攀登珠穆朗瑪峰的時候，在海拔5400公尺左右的珠穆朗瑪峰無人區，發現了重疊在一起的酷似人的腳印。每個大約40公分，腳印與腳印之間的距離為1.5公尺左右，而一般正常人的腳印為30公

分左右，腳與腳行走間的距離為0.5公尺左右。這不像熊的腳印，也不像其他動物的腳印。

另外，國外考察隊於50年代在尼泊爾境內發現過所謂的雪人手骨。專家認為，從照片上看像人的手骨，不是一個靈長類的動物的手，牠的大拇指是超過手掌的。猩猩的手指是很短的，也不是猴子的，猴子是彎曲的。但也有人認為牠與人的手骨不完全一樣。這具手骨到底是什麼動物留下的，學術界對此仍說法不一。

1986年3月5日，一位美國探險家第一次拍攝到了所謂的雪人照片。這張照片一經發表，就有人提出強烈疑義。照片的拍攝者說，當時看到的確實是一個直立著的大型動物，而且站立的時間很長。雖然照片經過處理以後比較清楚，也排除了是石頭或樹影造成幻覺的可能性，但根據照片能否說明喜馬拉雅雪人確實存在，科學家們說法不一。

關於雪人的研究，法國科學家拉曼斯第一個提出了雪人是巨猿的後代的的說法。拉曼斯認為，雪人這種動物並非在雪地居住，而是在叢林密集的山谷中，之所以人們曾經在雪地裡目擊到牠，是因為如同發現牠們腳印的登山者一樣，不過是利用雪地作為途徑，從一個山口到另一個山口去。

　　巨猿的學說曾風行一時，但也有科學家提出質疑，從已發現的巨猿下頜骨復原情況看，巨猿的頭很大，但從目擊者反映的喜馬拉雅雪人的外貌特徵中，所謂雪人的頭並不大，所以難以確定這種奇異動物就是巨猿的後代。

　　後來，隨著人們對人類進化過程研究的不斷發展，又有人提出雪人是尼安德特人的後代的說法。尼安德特人是生活在大約20萬年前到3萬年前的古人類，主要分佈在歐洲、中亞和西伯利亞西部。專家們推測說，當時尼安德特人與現代人的祖先搏鬥中節節敗退，其中一個分支逃入高山雪峰，有可能發展成雪人。科學家們仔細研究了雪地裡的大腳印，認為短小、略向外翻的足趾很像尼安德特人。

　　許多科學家認為，無論雪人是巨猿的後代還是尼安德特人的後代，在現實世界中，確實有過一種與人類類似的大型靈長類動物存在過。隨著生態環境的不斷變化，牠們的生存空間不斷縮小，數量不斷減少，到現在可能已經瀕臨滅絕。

　　目前在全世界範圍內，對喜馬拉雅雪人的考察探索處於兩難的境地，既不能否定，也不能肯定，雪人依舊是無法破解的謎。

不怕觸電的人

在中國黑龍江省大慶市，有一名叫馬顯剛的奇人，他不僅可以觸摸220伏特的電壓，把燈泡點亮，甚至還可以控制電流。他替人維修電路，接觸到標準的220伏特家用電壓從來都是徒手作業，沒有任何防護設施。

15年前的一天，老馬和愛人一起看電視的時候，突然就停電了，老馬趕緊出去查看停電原因，結果發現，屋簷下老化的電線被風刮斷了。於是，老馬小心翼翼地找到了被刮斷的電線，出於本能，他先試探性地摸了兩下，發現沒有電，在確定安全的情況下，他開始維修起來。可是事後，老馬卻覺得十分奇怪，明明電線是有電的，但為什麼自己摸著卻沒事呢？而且在沒有使用工具、徒手的情況下就完成了維修，這到底是怎麼回事？難道是感覺有誤，還是自己不怕電？老馬越想越想不明白，琢磨再三之後，老馬作出了一個大膽的決定，他打算再次觸電試一試。

這次大膽的嘗試讓老馬驚奇地發現，自己竟然是一個

不怕電的人。而且在接下來不斷的嘗試中，老馬意外地發覺到，他不但沒有一般人被電擊到時的疼痛與痙攣，反而觸電會讓他感覺舒暢，精神倍增。日久天長，老馬觸電竟上了癮，沒事的時候他就會通上電享受一下，就這樣時間一長，承受220伏特的電壓對於老馬來說早已不在話下。

更讓人覺得驚奇的是，除了不怕電，老馬發現自己竟然還能控制通過身體的電壓大小。而且當發現自己具備通電本領之後，老馬突發奇想，既然自己能導電，是否可以嘗試為別人做電療按摩呢？

起初聽說透過人體導電做電療按摩，誰都不敢輕信，因為大家擔心安全問題，但是經過老馬的反復試驗後，一些大膽和好奇的人都想來試一試這別具特色的電療，一些人做過電療以後都感覺很舒服。老馬果真把通過自身變弱的電流通在了別人身上嗎？老馬又是如何透過身體控制電流的大小呢？

為了揭開老馬的控電之謎，老馬在哈爾濱工業大學物理實驗室進行了一番詳細的檢測。在電壓恆定的情況下，電阻越大電流越小。反之電阻越小，電流就越大。老馬不怕電，會不會和他本身的電阻有關呢？於是檢測人員首先對老馬本身的電阻進行了測試。檢測結果顯示，老馬的電

阻確實比一般人大得多，而且是普通人的八、九倍。

其實通常所講的電源危險程度，不僅和電壓的高低有關，更主要的是和釋放的電流強度有關。人體能承受的電流強度是8毫安培到10毫安培。老馬之所以不怕220伏特的電壓，這和他本身的電阻大有著直接的關係。因為電流流經他身體時，才只有6毫安培左右，遠遠低於正常人所能承受的8毫安培到10毫安培的範圍。

而老馬能控制電壓的玄機則藏在一條濕毛巾裡面，老馬在為別人做電療的時候，總會在電線的頭上包裹上濕毛巾，他就是靠控制握緊毛巾時的力度來調節電壓的。

皮膚是人體最大的器官，它的作用就是保護身體不受外界傷害，皮膚細胞進行新陳代謝後，老化的細胞並不會馬上脫落，而是在人體表面形成一個角質層，這厚厚的角質層是皮膚的第一道屏障，它可以抵擋外界的物理刺激，比如強烈的陽光刺激，還有電刺激等等。由於老馬的手與其他人相比較粗糙，角質層也比較厚，所以這也起到了一定的抗電擊作用。

原來老馬能夠承受220伏特電壓，以及他所謂的控電祕密，就在於他的手：老馬的雙手不僅非常乾燥，而且還很粗糙，就相當於在普通人的手上戴了一雙絕緣手套。因

此，當老馬一手握著火線、一手握著零線的時候，實際上絕大部分的電，都被阻隔在身體外面了。由於通過身體的電流比較小，所以老馬也就沒有太大的感覺。但是專家也提醒老馬，雖然現在對身體沒有影響，但是並不能保證今後不會出現意外情況，所以還是建議他要多加小心。

從不睡覺的人

　　傳統的醫學觀點認為，睡眠是大腦的食物。可是令人驚奇的是，世界上也有一些從不睡覺的人。法國頗有名望的學者列爾貝德就是一個不眠人。

　　列爾貝德生於1791年。1793年，2歲的列爾貝德和父母一起去看路易十六絞刑的場面，不料觀眾席卻倒塌，將他壓在下面，昏迷過去，雖然從醫院中搶救存活，但他的頭蓋骨已經破裂難補了。由於這個緣故，他一生無法睡眠了。但並沒有影響他的讀書與學業，後來還成為頗有名望的學者。

　　1918年，瑞典婦女埃古麗德的母親突然去世，使埃古麗德的精神遭到過度地刺激，從此她再也不能像以往那樣睡眠了。每逢夜間，她都在不停地做家務事，疲倦時就上床休息一下。醫生也曾給她開了許多鎮靜藥劑和安眠藥，但是沒有任何效果。埃古麗德到1973年已經86歲，住在養老院。她的身體一向健康，並沒有受到多年不眠的什麼影

響。

20世紀的40年代，在美國也出了一名著名的不眠者奧爾・赫津。這位老人，一生中連小睡都沒有過。晚上當體力不佳時，奧爾就會坐在一張搖椅上讀書；當他感到體力恢復，又繼續投入正常工作。許多醫生輪流監視奧爾，竟然發現缺乏正常睡眠的奧爾，其精神狀態及其生理狀態反而超過一般人。醫生對奧爾的不眠現象無從解釋。奧爾的母親則以為這可能與自己在生下奧爾前幾天時受到嚴重的傷害相關。奧爾到了90歲的時候，他已經活得比許多有正常睡眠的醫生更為長久。

西班牙的塞托維亞也是一樣。19歲那年自從在睡夢中被驚醒後，他的睡眠日減，到1955年，睡眠就完全與他無緣了，他再也沒有睡過一覺。但是他卻體格健壯，精力旺盛，朝氣蓬勃。每天晚上他不睡覺，而是讀書、聽收音機，清晨他就和大家一樣開始一天的工作。

1970年，古巴一批精神病院醫生對一位退休的紡織工人伊斯進行了2個星期的全面觀察。因為伊斯在腦炎後進行扁桃體切除手術後，從此不能入睡。但是儀器檢測顯示，伊斯即使閉上眼睛躺著，腦子仍然和醒著的人一樣活動，絕對沒有睡著。

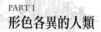
面對形形色色的不眠者，又該如何看待那些並不需要睡眠的大腦呢？大腦與睡眠的實質關係究竟何在呢？有的認為大腦由於偶然的變故而激發了潛在能力，所以造成了無法正常睡眠。有的提出所謂不眠是相對的，只是作為不眠者及其周圍的人對驟然而至的短暫睡眠狀態沒有發現而已。更多的意見則認為這是一種極端的失眠症，具有永久存在的病理基礎。真正的原因有待人們探索。

腹部產金屬絲的「蜘蛛人」

　　印尼東加里曼丹省桑加塔市，一名名叫諾斯延德赫的女子，她的腹部總是會長出一根根金屬絲狀異物。自從1991年起，她便開始出現這種奇怪的症狀，多年來，她飽受一種舉世罕見的怪病折磨。

　　這些金屬絲長出一個星期以後，它們會絲紛紛自行脫落，消失得無影無蹤。然而僅僅一個月之後，它們竟然捲土重來，並且朝著垂直於皮膚的方向越長越長，但是她只是感覺到腹部有針刺般的疼痛感！諾斯延德赫的家人曾經試著幫助她將身上的「鐵絲」剪掉，可是它們就像是野草一樣，一個地方剛剛消滅，很快又從她身上另一個地方冒了出來。

　　一直以來，諾斯延德赫腹部上的金屬絲呈持續瘋長狀態，絲毫也沒有脫落跡象。而每當這些金屬絲碰撞上了其他東西，都會給她帶來椎心的疼痛。為了避免這種情況，她在直立行走時必須小心翼翼地弓起背部。雖然丈夫和孩

子對諾斯延德赫的狀況十分同情，只是目前沒有人能夠幫助她減輕痛苦。

印尼衛生部派出4名頂尖醫學專家，為諾斯延德赫集體會診。醫生們隨後對她的腹部進行了一次X光檢查，結果發現裡面竟然暗藏著40多根金屬絲。它們有的鏽跡斑斑，有的尖利無比，長度在10至20公分不等，其中一些已經冒出了她的皮膚。為了給這些游離狀的金屬絲準確定位，醫生拿來一塊磁鐵在諾斯延德赫的腹部上作掃描檢查。讓人匪夷所思的是，先前暗藏其中的金屬絲此時竟如雨後春筍般冒了出來，而患者的腹部居然絲毫未出現肌肉痙攣和出血的症狀。最後專家們一致認定，這是一種自然的生命現象。可是專家們在嘗試了各種方法之後，依舊對這種怪病束手無策。

諾斯延德赫的怪病經媒體曝光後，迅速轟動了印尼全國。一些半信半疑的人們認為，這也許只是諾斯延德赫本人的「自虐」行為。一些迷信人士則是認為，諾斯延德赫一定是被什麼仇人施了「巫術」。

人體磁鐵

　　在羅馬尼亞，一個男子向人們展示了自己自己身體的特殊功能：他俯身在一台電視機上，開始集中精力，接著他站了起來，那台電視機竟然被緊緊吸在了他的胸部，他的胸口黏著這台電視機在屋中走來走去，最後才被他用手費力地拉了下來。接著，他又用胸部吸附了一塊釘著許多釘子的大木頭，大家都被他的「磁力」表演驚得目瞪口呆。

　　這名男子名叫奧勒爾，是羅馬尼亞人，他被稱做是「人體磁鐵」因為他的皮膚能夠吸附起任何東西，不管是金屬還是木頭，瓷盆還是熨斗。更讓人驚奇的是，他的身體甚至還能吸附起一台23公斤重的電視機，手機也經常被腦袋吸住。

　　奧勒爾從小就具有某種吸附物品的「磁能」，但他自己一直沒有意識到這個問題。直到幾年前，有一次他照鏡子時，發現脖子上一個沉重的項鍊斷掉了，可那條項鍊卻

仍然掛在他的脖子上。不久他生病去看醫生，結果醫生的聽診器竟然被緊緊地吸在他的胸口皮膚上。這時他才首次清楚地意識到自己擁有這項奇特的本領。

慢慢地，奧勒爾開始嘗試用自己的皮膚吸附其他東西，除了金屬物品外，他還能將其他許多物品吸附到胸部、脖子和前額上。奧勒爾平時從來不敢使用手機，因為手機總是會吸附在他的腦袋上！但他並不是所有時候都能具有「磁力」，有時他必須先對某樣東西集中注意力，然後「釋放出磁力感」，透過這種過程，他能吸附起最重的物品。他自己打趣說：「如果讓我去當飯店服務員，我清理桌上餐具的工作將比任何服務員都快，因為我只要從餐桌前走一趟，一排餐具都會被吸附到我的身上。」

奧勒爾並不知道自己為什麼會成為一個「人體磁鐵」他說：「我不願意讓大家知道他的這個祕密，我擔心人們會把自己當成怪物。我只向我的幾個最好的朋友展示過我的磁體功能。我也不曾請教任何專家，因我害怕專家們對他的身體進行研究。這些年來我一直處於擔憂之中，但現在我決定正式探索和利用我的這一本領。也許一些電視臺的節目秀會對我感興趣，現在我希望科學家能夠對我的『磁力』進行研究。」

奧勒爾的磁鐵功能讓許多人感到驚訝，這其中也包括
英國醫生卡羅爾·庫珀。他說：「在我當醫生的25年中，
我遇到過許多奇怪的人，但從未碰到過他這種人！」他認
為這種現象顯然違反了物理學法則，因為只有鐵和鈷、鎳
等金屬才具有磁性，但人體內並不包含太多的金屬，鐵是
人體中最富有的金屬，但每個人體內的含鐵量加起來也只
有兩枚釘子大，但這絕不夠用來做一枚磁鐵。她無法解釋
奧勒爾為何能吸起一台電視機，但她認為如果人體經過訓
練，可以用皮膚吸起像茶碟等更輕的物體。但重力會產生
一個極限，這樣微弱的吸力絕對無法吸起像電視機那麼重
的東西。所以事實上，她仍然無法解釋「人體磁鐵」到底
是怎麼工作的。

懸浮在空中的人體

　　根據牛頓萬有引力定律來講，人體是無法懸浮在空中的。但是在世界上，仍有過大量關於人體懸浮在空中的記載和報導。

　　在基督教和伊斯蘭教中的記載中就有很多的在關人體懸浮的事件。在基督教裡的西蒙。麥戈斯、羅馬天主教聖徒約瑟夫（1603-1663），都曾被記載經常在空中懸浮。

　　阿維拉聖徒德蕾莎也是可以懸浮的人，她說她在全神貫注時就會懸浮，有一次浮起1英尺半高，並且還持續懸浮了半個小時，見到了修女聖安妮的化身。如果德蕾莎企圖做出一些反抗，就會有一股強大的、無法比喻的力量把她從腳下抬起來。在易維林。安德熙的《神祕主義》（1955)中記載，曾有人因看到德蕾莎懸浮在空中，因此被嚇壞了，但德蕾莎沒有被嚇昏頭，她根本無法控制自己懸浮到空中去。

　　印度教、佛教裡也有有關人體懸浮在空中的記載。13

世紀藏傳佛教的偉大修行者密勒日巴，據說就獲得了許多超凡的能力，比如升起在空中走、靜止和睡覺等。20世紀初，義大利的天主教男修會修女傑瑪‧高嘉尼據說也能懸浮在空中。

19世紀法國法官路易士‧賈克洛，曾到東方旅行並記載了自己的神奇經歷，並寫成了《印度遠古和現在神奇的科學》一書，他在書中描述了一位能懸浮在空中的苦行僧：「他拿著一根從錫蘭帶來的硬木棍，重重地斜靠在那根棍子上，右手拄著棍子頭，盯著地面。念出相關的咒語……然後，慢慢升起到離地面2英尺的高度。他盤腿而坐，再不改變姿勢，像極了那些青銅的佛像……有20分鐘，我一直試圖用所有已知的重力定理來理解，他是如何這樣飛起來的……棍子沒有給他看得見的支撐，並且顯然棍子和他的身軀也沒有接觸，只有他的右手放在棍子上。」

1906年，也有類似人體懸浮空中的事件。16歲的克拉拉‧日爾曼娜是南蜚的一名女學生，人們就曾親眼目睹她升起到空中5英尺高，時豎時橫。人們都說她是鬼上身。

這種人體懸浮事件還和一些靈媒扯上了關係。最有名的是丹尼爾‧道格拉斯‧侯穆。1868年，人們眼睜睜看著

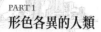
侯穆從第三層樓的窗戶飄出去，又從另一個窗戶飄進來。飄浮時，侯穆經常不是精神恍惚、而是神志清醒的，過後還講述自己飄浮時的感受。他描述說他的腳上有「一種充滿了電的」感受。雙臂僵硬，好像被人從腦袋上提起，好像他緊抓著的一種不可見的力量把他抬了起來。另外，侯穆還曾使傢俱和其他東西等飄起來。

　　義大利靈媒阿密迪・祖卡里尼有利用自己的腳浮離一張桌子20英尺的照片。蘇聯的意志力靈媒尼娜・庫拉基娜就被拍下在雙手之間懸浮起小物體的照片。

流著藍色汗液的男人

　　在正常情況下，人體分泌的汗液應該是無色的，但中國湖南省長沙市的黃先生卻是一位能流出藍色汗液的人，而他也是在最近才發現這一特殊現象的。

　　起初他只發現自己T恤腋窩處出現藍色汗漬的，這些汗漬呈天藍色的斑點狀，樣子有點像梅花，而且只在腋窩處有。但後來其他衣服上也陸續發現藍色汗漬，而且這些藍色斑點不管怎樣洗都洗不掉，黃先生這才開始注意。在黃先生的家族裡並沒有出現過他身上這種狀況，因此黃先生就擔心是不是自己的體內的微量元素銅超標了，或者另外出了什麼問題。

　　從醫學上講，如果人的汗液呈黃色或者藍色、青色、紫色等現象都稱為「色汗症」。黃老先生分泌藍色汗液就是色汗症的症狀之一。

　　色汗症的引發是外源性的，可能與患者的飲食和外物接觸有關，比如服用一些特殊藥物或者攝入某些化學物

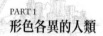
質，攝入或者接觸某些染料等特殊物質也會分泌色汗。色汗經過一段時間會自然消失。

　　雖然到目前為止，色汗症目前尚無特效療法，但它除了會污染衣服外，對身體健康並沒有影響。

僅能吃六種食物的男童

　　美國全國廣播公司的電視訪談節目「今日」對專訪一個名叫泰勒‧薩維奇的12歲男孩。來自英國的這個男孩到現在只能吃指定的6種食物，因為他幾乎對所有的食物都過敏。在泰勒4歲的時候，第一次表現出過敏症狀，當時他在飯後嘔吐不止。6歲時，他的腹瀉和嘔吐症狀變得更為嚴重，醫生找不到確切病源，認為他的疾病可能由消化道病毒引起。此後泰勒的過敏反應日益加劇，健康狀況每況愈下。10歲時，他體重降到24公斤，瘦得皮包骨，生長完全停止。當時他常常出現嘔血、便血和痙攣等症狀。父母憂心忡忡，帶他到處求醫，卻始終無法把他治癒。

　　2006年9月，泰勒的父母帶他到倫敦一家醫院就醫，終於診斷出他的病因。原來泰勒患了一種叫做「嗜曙紅細胞腸病變」的罕見疾病，這一病症導致腸道生成大量白血細胞，而這些白血細胞發揮畸形免疫能力，把腸道中許多食物成分識別為「敵人」，與之「殊死搏鬥」，造成嚴重

過敏反應。從此醫生讓他停止進食，把營養液直接導入他的胃中，為他提供生存所需營養。同時，醫生為讓他能正常進食，挑選許多種食物讓他逐一試吃，如果他吃了某種食物沒有產生過敏反應，食物就被列入他的食譜。遺憾的是，目前他仍然只有6種選擇。

現在泰勒能吃的食物只有雞肉、金槍魚、蘿蔔、番薯、葡萄和蘋果。如果吃其他食物，他就會產生過敏反應，輕則上吐下瀉，重則口鼻出血、全身痙攣。麵包、雞蛋和乳製品、豆製品這些常人看來再普通不過的食品，對他來說都有如「毒藥」。

由於食譜單調，泰勒每天必須向胃部導入營養液，確保足夠的維生素和礦物質攝入。醫生曾經試圖從他的鼻孔注入營養液，但泰勒感覺十分痛苦，因此醫生在他腹部安裝一個導管。每天晚上，泰勒透過這個導管把袋裝營養液注入胃部。

雖然許多人認為泰勒的遭遇非常不幸，但泰勒自己和他的家人卻始終對生活抱著樂觀態度。但是雖然現在可供泰勒選擇的食物屈指可數，但他並不感到嘴饞。他說：「我能吃那麼多種東西，已經很滿足了。而且，我相信醫生們為我找到更多可吃的食物。」

天生花旦臉的男孩

「歌舞伎症候群」是一種罕見的綜合症，患兒往往都是身體發育不良、骨骼發育障礙、特殊容貌及心智發展及發育遲緩等症狀，以及濃妝的容貌，與日本歌舞伎演員(KABUKI)化妝的外眼角相似，故而得名。

現在，醫學界仍然不知道歌舞伎症候群病因和發病機制。世界上最早的歌舞伎症候群發生在日本，隨後世界各地出現此病的患兒有300多例。

中國重慶，就有一例這樣的患者。這名患者是一個名叫超超4歲男孩。超超的眉如彎弓，嘴如斗篷，濃密睫毛彷彿塗了一層睫毛膏，又長又捲……乍一看，像花旦。

雖然超超今年已經4歲，但身高只有86.3公分，只會簡單地說「爸」、「媽」等單音節字，走路還經常摔跤。

超超的父母在他兩歲的時候就帶著超超到處求醫，但均未找出原因。後來在重醫兒童醫院檢查時，發現超超不但多處骨骼畸形，智力發育為重度障礙，生長激素低於正

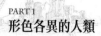

常值，同時還伴有先天性心臟病，雙耳中度聽力損失。根據超超獨特的相貌，初步認定他患上世界上罕見的「歌舞伎症候群」。

長年高燒的男人

　　成人史迪爾氏症候群(Adult OnsetStill's Disease)是一種極為罕見的疾病，這種疾病最典型的症狀就是每日反復發燒，伴有關節疼痛、長皮疹、淋巴結腫大等症狀，還會導致患者免疫力下降。但是，對於發病的原因，醫學界目前還沒有定論，不過可以確定的，這種病不屬感染性發燒，也不會引起身體器官衰竭，而且這也不是絕症。

　　中國境內湖南省長沙市的男子文章就患這種疾病，他已經連續發了三年的高燒了。2007年的一天，文章突然感覺渾身疼痛，非常難受，高燒燒到40度，而且幾天都沒退，剛開始以為只是小感冒，但吃了西藥、打了點滴都不行，吃了中藥也沒半點好轉。之後，文章每天都會發燒，一天反復發作三四次，每次要持續兩三個小時，體溫最低也有38度，最高甚至41.8度，基本都在40度左右，一發病就整日全身乏力，只能癱睡在床上，因為一點力氣都沒有，並伴有肌肉關節劇烈疼痛。

剛開始，他每星期都要進三、四次醫院，各大小診所他都跑遍了，抽血、全身檢查都做過，從各項資料指標來看，不少醫生都說不能確診。後來，每幾乎每隔半個月文章就會進醫院檢查一次，每一本病歷表都密密麻麻寫了十幾頁。從2007年10月至今，他為了能夠確保當天不會發燒，每天早上都會服用10粒激素免疫抑制劑。

睜3天閉3天眼睛的女孩

在澳洲墨爾本市，22歲女孩娜塔莉·艾德勒患了一種奇怪的病，那就是她的眼皮總是處在睜3天、閉3天的循環狀況之中。

娜塔莉17歲以前眼睛都和正常人一樣，但是從她17歲那年開始，她的眼皮每週都會癱瘓緊閉3天，使她陷入如同「失明」般的狀態中；然而接下來的3天她的眼皮又會恢復正常，使她能夠清楚視物，不過3天後，她的眼皮又會陷入癱瘓緊閉狀態中，如此周而復始，這意味著娜塔莉平均每週都要「失明」至少3天的時間。

每一次都是在晚上，娜塔莉的眼皮就從正常轉換成「癱瘓」。一般來說，當娜塔莉的眼皮能夠睜開正常視物後，在第3天晚上上床睡覺時，通常她都還能夠睜開自己的眼睛，可當第二天早晨醒來時，眼皮就會出現問題，無法睜開。每次當娜塔莉的眼皮無法睜開時，她就像是「失明」了一樣，整天只能生活在黑暗中。

　　奧戴是墨爾本皇家眼耳科醫院神經眼科部的著名醫生，他說：「娜塔莉的疾病對我們來說就像是個謎團一樣，我們從未遇見過這樣的怪病，至今我們都沒有診斷結果。據我所知，目前全世界還沒有發生過其他類似的病例。」醫生認為她的的怪病跟眼部肌肉痙攣有關，並一度透過肉毒桿菌治療使她眼皮的「睜閉循環」更改到了「睜5天、閉一天」，不過這種方法不久以後就失去了功效，她的眼皮又恢復了「睜3天、閉3天」的罕見循環狀態中。

左臉成為骷髏的女人

　　中國女子王麗，年僅22歲，卻患了罕見產「半側顏面萎縮症」。這種病從18世紀記載第一例病人至今，全世界類似病患者不到200例。至今也沒查出這種病的發病原因。

　　「半側顏面萎縮症」使王麗的右邊的臉很正常，可是左邊的半邊臉卻萎縮得像骷髏似的，從臉中心形成了一條明顯的分界線，以至於看上去只有半張臉。其實小時候的王麗漂亮活潑，但是兩歲的時候在幼稚園撞到鐵欄杆，左臉起了一個很大的包。而大包消失後，左臉就漸漸地停止生長。到了7歲的時候，父母才意識到問題的嚴重性。然而隨著時間地推移，王麗的左臉的肌肉開始萎縮了，越來越少，到最後左臉也漸漸沒了。

　　美國整形專家勞倫斯・格力克曼來青島參加「第二屆中美醫學美容高峰論壇」。中美專家進行了會診，結果令人震驚，原來王麗得的是罕見的「半側顏面萎縮症」。接下來，專家們將一起為王麗重造半張臉。

十七種性格的女人

　　理查・貝爾是芝加哥著名的精神病醫生，他出版了一本書名叫《支離破碎的生命》。在這本書，紀錄了一個有17種性格的女人，這個女人名叫奧弗希爾。奧弗希爾曾如此形容自己的病情：「從1989年開始，我發覺自己開始「遺失」記憶，我無法解釋夾在小說裡的書籤為何向前挪了一章，也想不明白枕頭下為何藏著一把刀。甚至有一天，我外出購買食品，隨後卻在一家百貨商場裡『驚醒』，發現自己在幫兒子買帽子。我完全記不起曾決定改變計畫，也不知如何來到商場。」

　　在奧弗希爾生下第二個孩子後，她的病情已經嚴重得令她生出自殺念頭。奧弗希爾決定向貝爾醫生尋求幫助。貝爾建議她儘量記錄下發生的「怪事」。

　　經歷一個奇怪的夜晚後，奧弗希爾寫著：「現在是深夜2時，我獨自一人待在一個陌生的加油站，我很害怕……加油站裡的女士告訴我方位，我們終於可以回家

了。」那一晚是只有奧弗希爾獨自一個人，但是奧弗希爾卻使用「我們」一詞，貝爾首次懷疑奧弗希爾罹患「多重人格分裂症」。

不久，一件怪事印證了貝爾的懷疑。因為貝爾突然收到一封信，信是出自一個孩子之手：「親愛的貝爾醫生，我叫克雷爾，今年7歲……」貝爾把這封信交給奧弗希爾看，令奧弗希爾大吃一驚的是，信封上標注的是她的地址。奧弗希爾的直覺告訴自己，信是出自自己之手，儘管她也不知自己如何模仿孩子的筆跡寫出這封信。此時，貝爾確診奧弗希爾患上「多重人格分裂症」，

透過與奧弗希爾的交談中，貝爾並找到奧弗希爾發病的原因。原來，奧弗希爾從小受到父親和祖父的侵犯。貝爾解釋說，如果一個人長期受到虐待，他的人格就會分裂成多重來反抗侵害，保護自己。

確診後，奧弗希爾突然能感受到體內多重人格的存在。她甚至能「看到」這些不同人格的活動。漸漸地，奧弗希爾開始可以辨認出不同聲音，每到夜晚，她都能聽到那些人在她的腦中討論白天發生的事。透過分辨聲音，奧弗希爾確認自己體內起碼有「11個人」，包括4名10歲以下的兒童、2名少女、2名女子、1男子、1名「憤怒」的男

子和她的本體。

　　這些人的名字、年齡、性別、個人特徵、經歷各不相同，他們還在奧弗希爾的生活中扮演不同角色。例如，奧弗希爾依靠那名30歲左右的男子開車，「如果他在忙別的事，『我們』就哪都去不了」。同時，奧弗希爾還多次遭遇尷尬，每當碰到陌生人跟她打招呼，她也只能猜測他可能是其他『10個人』的朋友。」隨後，又有「6個人」分別寫信給貝爾。貝爾認定，奧弗希爾體內人格增至17重。

　　接下來的幾年裡，貝爾對奧弗希爾實施催眠療法，透過與她體內其他「16個人」漫長而艱辛的對話，終於使「他們」同意與她融合成一個「完整的奧弗希爾」。伴隨與最後1重人格「霍頓」融合，奧弗希爾恢復健康，至今沒有復發。

PART 2
特異功能怪談
AMAZING! THE WORLD IS FULL OF SURPRISE

神奇的點穴

　　在武俠演繹中，點穴總讓人著迷，它像是定身術又像是神奇魔棒，指到哪不僅讓人動彈不了，還能點「癢穴」、「笑穴」，讓人奇癢無比、大笑不止。點穴，究竟是像傳說中的那般神奇，還是普通的搏擊之術？是有令人信服的依據，還是只是小說家的杜撰？為什麼從歷史的記載來看，點穴作為一門獨特功夫已經存在很久了。到了現代，人們反而看不到它的蹤跡，只能從影視和文學作品中欣賞它的高深莫測。其實，點穴是有一定依據的，主要來源於傳統的中醫。

　　中醫的穴位，實際上是人體上反映比較敏感的一些點和部位，當刺激這些部位的時候，我們會產生一些變化。這些點，我們就叫它「穴位」。

　　根據中醫理論，人體上分佈著14條直行的經脈和由經脈橫向分出的絡脈，合起來並稱為經絡。經絡系統「內貫臟腑，外達肌表，網路全身」，是氣血運行轉注的通道，

具有「決生死、處百病」的功能。按照經絡學的說法，穴位就是散佈在經絡通路上，供氣血出入會合的「處所」。14條經脈上有穴位幾百個，每個穴位都與內臟有著密切關係。按照點穴術的理論，要斷經絡，就要重創穴位。

　　儘管，西醫在進行了大量的人體解剖之後，並沒有發現經絡的存在，即便是用幾十萬倍的電子顯微鏡也找不到絲毫的蹤跡。但是，傳承了幾千年的中醫用事實說明了自身的價值和意義，並不是能以現在的科學水準說明的。

腹托萬斤的年輕人

　　在一般人的印象中，大力士都長得身材魁梧。但是，在大力士挑戰現場，劉振宇的樣子讓人出乎意料。劉振宇家住黑龍江省雞西市，今年19歲，身高183公分，體重只有55公斤。從他清秀的臉龐、時髦的衣著上，根本看不出他有半點「大力士」的模樣。

　　劉振宇以前並不知道自己在力量方面有特長，因為他從小喜歡唱歌，所以很注意鍛鍊自己的肺活量，游泳、跑步他都喜歡。後來，為了讓自己唱得更好，在北京專門進修聲樂的劉振宇嘗試著平躺發聲。同時，他為了增強胸腔的共鳴，在腹部放沙袋，進行負重發聲訓練，從5公斤、10公斤到25公斤，他腹部承受的重量不斷增加，並曾用腹部托起2700多公斤重的水泥預製板。

　　當挑戰賽開始後，身披黑色斗篷的劉振宇帶著太陽鏡出現在觀眾面前。運氣後，他靜靜地躺在鋪了毯子的地上。12個小夥子將一個重650公斤的大木方抬進場地，這

根木方壓在平躺的劉振宇的腹部，然後一輛重16噸的翻斗車慢慢往上面開。此時，他的腹部逐漸隆起，被兩條棉被蓋著。他的母親站在一旁，緊張注視著。兩分鐘後，橫木方平放在劉振宇的腹部。

五分鐘後，隨著翻斗車發動，現場氣氛陡然緊張起來，觀眾屏住呼吸。翻斗車左前車輪緩緩駛上橫木方。隨著車輪的逐步靠近，壓在劉振宇腹部的重量就越重。在橫木方標注5000公斤刻度的位置，車子還稍作停留。隨後，司機再次加大油門向6000公斤衝刺。最終，車輪停在了大約5500公斤刻度的位置。車子倒了回去，工作人員跑上來緩緩抬起橫木方。此時劉振宇一動不動地躺在地上。不到1分鐘，在工作人員的攙扶下，劉振宇緩緩起身，微微顫抖，然後轉過身來向觀眾舉手示意，打起了勝利的手勢。這時現場響起如雷的掌聲。在上千人的見證下，劉振宇「力挺萬斤」挑戰成功。

老漢拍掌，火車讓路

108分貝有多響？

30分貝：輕聲耳語

60分貝：一般交談

80~90分貝：大聲吵嚷

80分貝以上：對正常人來說是噪音範疇

100分貝：火車鳴笛

突然出現的100分貝雜訊：可能讓人瞬間耳膜穿孔

130分貝：大炮發射、飛機起飛

2006年，有一位張大爺向金氏世界紀錄大全提交了申請函，「我是全世界拍掌聲最大的人」。張大爺說，只要他拍手就能發出108分貝的聲響。

原來，張大爺小時候就是附近有名的「拍手王」，每次開大會看表演，大夥的掌聲都是跟隨張大爺的掌聲走，就像指揮棒一樣。

　　這讓張大爺很有滿足感，從那以後張大爺就開始刻意練習掌聲。張大爺說，他掌握了一套特有的拍掌法：首先拍掌前就要收腹、挺胸，屏住呼吸，然後手掌、手腕、手背同時用力，而且要保證手掌心不被完全貼緊，留點空隙，這樣拍掌所形成的掌聲才會達到最響狀態，手掌還不會痛。

七旬神臂老人

　　誰能相信一個78歲的老人可以在5分鐘之內將5根彈簧的拉力器拉到200下？乍聽之下，很多人都會覺得不可思議，但是還真的有這種奇人。

　　這個人就是劉金容，1931年生，在他居住的地方，人們親眼看到他在短短5分鐘內拉5根彈簧的拉力器200下。劉老說，他堅持鍛鍊十幾年了，這些年都沒有去過醫院。

　　可是有誰相信，這個健康的老人十幾年前其實是個老病號。劉老說：「十幾年前我得了老年病，總是風濕痛，還經常感冒。」醫生告訴劉老，他的病是很多老年人會遇到的，屬於正常現象，於是劉老開始往關節上貼鎮痛膠布、吃鈣片，雖然有點效果但不能徹底治癒。

　　劉老說他的女兒給他買的都是190元一瓶的鈣片，他覺得這樣下去女兒也會吃不消，於是他就開始翻閱中老年保健的書籍。他從書上總結了不少養生之道，於是就堅持按照這些養生之道生活，結果竟然起到了意想不到的作

用。劉老說：「我的養生之道就是：不能吃得太飽、有充足的睡眠、有適當的運動、有均衡的營養、每天喝水5~8杯、每餐吃半斤青菜、每天至少吃2個水果、保持房間的空氣流通、勤洗手洗衣服。」在做運動方面，劉老十幾年堅持用拉力器做擴胸運動，隨著身體越來越好，他每天拉的次數也越來越多。

以前他的體重有160多斤，還有鮪魚肚，60多歲時頭髮已經花白，臉上還有好多老人斑。「用我老伴的話來說，就是臉上像世界地圖一樣。除了這些毛病，我還經常感冒，不是這裡痛就是那裡痛，200公尺都跑不動，做事情經常有疲勞感，身上的肉軟軟的。」但是這些老年人經常會遇到的問題，從劉老堅持鍛鍊身體、開始注重養生時慢慢有了改變。劉老說：「我堅持鍛鍊十幾年了，現在我的體重有140多斤，鮪魚肚不見了，身上的肉結實了起來，老人斑也少了很多，我覺得自己現在像個年輕人。」

飛簷走壁

　　飛簷走壁是很多人嚮往的功夫，特別是在古代交通條件限制下，學習氣功、輕功更是很多人的夢想，在古典名著《水滸傳》中，就有「日行八百里，夜行一千里」，人稱神行太保的戴宗。

　　氣功在中國有悠久的歷史，有關氣功的內容在古代通常被稱為吐納、導引、行氣、服氣、煉丹、修道、坐禪等等。在古書記載中很少有「氣功」二字，偶爾出現「氣功」的提法，亦無完整的解釋。直到本世紀50年代，劉貴珍在《氣功療法實踐》一書中寫到：「『氣』這個字，在這裡代表呼吸的意思，『功』字就是不斷地調整呼吸和姿勢的練習……」一般認為「氣功」二字從此被確定和傳播開來。實際上氣功鍛鍊包括呼吸、體勢、意念三類手段，每一類手段又有多種鍛鍊方法，深呼吸只是眾多呼吸鍛鍊方法中的一種。

　　在中國傳統理論中，氣功分為很多種，有外練的硬氣

功，有內練的內功等。外練主要是筋骨皮，（肌肉力量）主要方法是依靠負重，增加外部對人體的各種作用力，以及泡藥酒等，達到人體力量抗擊打等方面極限。

內練主要是氣、血、筋脈，講究的是由內帶外。主要方法是吐納功夫，還包括一些特殊藥物，行針走穴。輕功就是是一種內練氣功，是一種提縱術，小乘可以身輕如燕健步如飛，大乘可以借力飛天。當然可能性不大，無論那種氣功都是以提升人體最高潛力為目標的。

在現代體育中，幾乎沒有與「輕功」相提並論的項目，相似的只有跳高、跳遠等。但輕功與現代體育運動中的跳高、跳遠形式相近而實質不同。現代的跳高、跳遠，在起跳之前，一定要先奔跑鼓勢，奮力而跳躍，猛起猛落，落地沉重，如石下墜。而輕功則不需要奔跑鼓勢，只須兩足一蹬，即可起高和躍遠，起如飛燕掠空，落如晴蜓點水，著瓦不響，落地無聲。輕功與現代體育運動中跳高、跳遠的不同，就在它「輕」和「穩」的特點。

其實，傳統的氣功，並不是教人飛簷走壁的奇妙功夫，而是一種帶有中國民族文化特色的自我身心療法。從中醫學角度定義氣功：氣功是透過調神的自我鍛鍊，使自身氣機變得協調的鍛鍊方法。從現代行為醫學的角度看，

氣功鍛鍊是對一種有利於心身健康的良性行為進行學習訓練，最終以條件反射方式固定下來的行為療法。

從氣功作用的心理生理學過程看，可將氣功定義為：主要是透過使用自我暗示為核心的手段，促使意識進入到自我催眠狀態，透過心理—生理—形態自調機制調整心身平衡，達到健身治病目的的自我鍛鍊方法。

人眼透視

　　19歲的海澤是加州庫卡莫恩加牧場的一名少女，她的母親麗縈開辦有一家寵物商店。這個漂亮的女孩看起來與常人沒有什麼區別，但是，海澤天生就具有非同凡響的特異功能：她那雙貌似平常的眼睛竟然是一雙與眾不同的「透視眼」——她能看見其他人無法看到的光線和顏色。

　　據美國媒體報導，少女海澤具有非同尋常的特異功能：她能看見每個人身體周圍有不同顏色的光環，並可以據此判斷對方是否有病，甚至可以「透視」人體的內臟器官，猶如一台「人體X光機」。

　　早在梅澤的童年時代，她就在繪畫中畫出人物、花草樹木周圍的五顏六色的光圈，而其他孩子並不會這麼做。在海澤長大一些之後，她開始注意到這些光圈有著不同的含義。比如，當她看到某人周圍出現綠色或金色的光圈，就表示對方身體一切正常，而褐色和棕色的光圈則表示對方出現了疾病。

　　海澤說：「我的視力能從一種能力切換到另一種能力，進而層層深入地觀察人體內的情況。有時候，這種能力讓我十分煩惱，我非常害怕自己所發現的一切。」因為，除了能看到人體周圍光圈之外，她甚至可以「透視」人體的內臟器官，猶如一台「人體X光機」，把人體內的情況看得一清二楚。

　　據悉，海澤並不是世界上惟一據稱擁有「透視眼」的人。俄羅斯女孩娜塔莎·丹基娜的眼睛也具有超凡的「雙重視覺」，能像X光或超音波一樣「透視」人體的內臟器官，甚至能夠看清那些X光和超音波都無法探測的「死角」，識別出人體內最細微的症狀。

　　醫學專家對海澤她們的特異功能充滿了好奇，卻無法做出合理的解釋。一種牽強的說法認為，她們可能擁有某種「牽連感覺」(synesthesia)，通常出現這類症狀的人能透過一種刺激而激發起另一種感覺的狀態，如聞到某種氣味或聽到某種聲音便好像看到某種顏色。但是，這種理論明顯不能解釋問題。到底是什麼原因讓她們的雙眼可以發生透視，依舊令人困惑。

隔山打牛

在一些武俠故事中，一些人不需要任何工具，就能在無形中將物體移動，將對手打倒，這種特異功能被形象地稱為「隔山打牛」。隨著現代科學的發展，科學家們發明出一種能用意念控制的現代裝置。

馬修‧內格爾在高中時曾是學校的橄欖球明星，但是，在一次事故中他的脊髓受到嚴重損傷，他的手也因此癱瘓。為了讓馬修的手重新動起來，研究人員為他安裝了一個大腦感應裝置以及一隻機械手：馬修腦中的多個感應器能夠讀取神經細胞資訊，然後透過電腦將這些資訊傳輸到機械手上，當馬修想移動某個物體的時候，機械手的拇指和食指能迅速接受指令自動張合，協助馬修完成這個動作。

研究人員希望這一技術在不久的將來，能讓那些靠輪椅行動的人重新站起來，而美國軍方則希望這一技術能讓飛行員用意念控制飛機的飛行。

神奇的第六感

很多人都承認，第六感是一種神奇的感應，特別是雙胞胎之間存在著心靈感應，一個人的某些症狀也會在另一個人身上顯現出來。但是，沒有人說過雙胞胎之間明顯的第六感能幫助雙胞胎們挽救自己兄弟姐妹的生命。然而，英國的一對雙胞胎姐妹就印證了這種第六感的神奇力量。

一天，妹妹雷恩感覺自己很不舒服，頭很暈，隨後雙胞胎姐姐傑瑪也有了類似的感覺。第二天，當姐姐傑瑪感覺到妹妹雷恩在浴室中遇到危險時，她破門而入發現妹妹已經昏過去了。傑瑪立即將妹妹拖出來，利用自己在急救課上所學到的技能挽救了妹妹的生命。

急救人員史蒂夫皮爾森說：「當我們到達時雷恩已經甦醒過來。其實很簡單，如果傑瑪沒有感覺到妹妹有危險的話，雷恩必死無疑，傑瑪做得非常好。」

傑瑪堅信是神奇的心靈感應讓她察覺到妹妹處在危險之中。傑瑪說：「當我有了這種感覺後，便決定去看看雷

恩到底有沒有事，我發現她整個人都浸泡在水中，開始我以為她在洗頭或者跟我開玩笑。但當我去把她的頭抬出水面時發現她的臉已經發青，我就意識到她有危險了。」

　　傑瑪把妹妹拖出來後立刻叫了救護車，隨後又利用急救課上所學的東西對妹妹展開急救。經過搶救，雷恩逐漸有了意識，性命得以保全。她們的母親聽說這件事後，對女兒的表現感到十分驕傲，她相信女兒創造了奇蹟。

會飛翔的人

　　印度的軍事學家曾注意到一種人體飄浮術的存在。會這種漂浮術的人，雙腳不沾地，就能隨心所欲行走。於是有人設想把它用於軍事作戰，組織一支「超人」的軍隊，那就不怕敵方的地雷、坦克、導彈、轟炸機的攻擊，隨時可以突擊到敵人的後方擊敗對方，就不必再花更多的錢研製尖端武器。這種想法一提出來就遭到批判，因為沒有人相信，人可以不需要工具在空中隨意行走，但是，法國探險家歐文・羅亞尼曾在《巴黎時報》上發表了自己親身經歷過的一件事，證實了這神奇漂移術確實存在。

　　1912年，法國的探險家歐文・羅亞尼在尼泊爾和中國交界的喜馬拉雅山一帶考察、探險。他請了一位喇嘛做嚮導。當喇嘛帶著他們過康爾尼峽谷時，歐文就知道，這位喇嘛不是一般人。原來，這道峽谷約二百多公尺深，一百多公尺寬。如果爬山越過，需要大半天時間，而且非常危險，因無道路可行，隨時可能跌入峽谷中，不粉身碎骨也

要跌成重傷。羅尼亞正為過峽谷需要冒險發愁時，喇嘛彎下腰，把羅尼亞背在身上，要他別害怕，閉上眼睛。羅尼亞突然感到身體飄起，睜開眼睛一看，他嚇呆了，喇嘛背著他騰雲駕霧地在空中飛行，僅僅幾分鐘時間就越過了峽谷。他實在難以相信，在這荒涼的雪山地帶，竟有如此本領的奇人。

在隨後的行程裡，羅亞尼更是堅信了自己的判斷：這位喇嘛走路腳不沾地，似飄浮前進！喜馬拉雅山一帶積雪很深，羅亞尼每進一步，腳都陷在雪裡，而要跋涉前進，非常艱難。而這位藏人喇嘛行走時腳不沾雪，非常輕鬆，並且時時在拉他前進。如有一陣風來，這位喇嘛的身體如同樹葉一樣，身體飄起，隨風前進。

歐文‧羅尼亞返回法國後，把這位喇嘛隨風飄浮的照片，和自己的奇遇寫成文章登在《巴黎時報》上。讓眾多的讀者知道，這種「天方夜譚」般的漂移神話，確實存在於世界的某些地方。

會「錄影」的眼睛

　　1996年在德國曾有這樣一件趣事：24歲的漢斯小姐被車撞瞎雙眼，醫生給她移植了一個男人的眼球。移植很成功，但漢斯小姐說她現在的眼睛能夠「放電影」。因為她看到一個胖員警追來，踢倒人，給犯人戴上手銬。醫生的解釋是：「你換上的是死刑犯的眼球，他的視神經細胞是鮮活的，他死前見到的影像印在視網膜上。過3個月，圖像就可消除，一切就會正常的。」

　　這讓很多人想起了一個傳說：死者的眼裡會留下最後一瞥的影像，如果死者是被害致死的，罪犯就會因此而被捉拿歸案。1995年1月23日香港《大公報》有一篇《富商智破綁架案》的消息，說是西班牙富商納加恰烏的女兒美洛姊在上學途中被綁匪劫走，綁匪要勒索1000萬美元。富商要求綁匪拍攝女兒的照片，以證實其仍然活著。收到照片後他就交給警方。專家將美洛娣的眼珠放大，果然顯出綁匪的模樣。警方一看就認出這是名慣犯，且知其出沒地

點。就這樣，綁匪很快落網，被綁架12天的美洛娣也安全回了家。

在古代，人們就已經認識到，眼睛是會「記錄」影像的。古希臘人以為能「抓住」影像的是晶狀體，視網膜被認為是營養晶狀體和傳達「視覺精神」的工具。直到16世紀，瑞士解剖學家才提出：晶狀體的作用只是接受和折射光線，把它傳到視網膜上去。1604年，德國天文學家開普勒證實視網膜有「塗繪」看到形象的功能。但這些畢竟還是推論，必須拿出更可靠的證據來。

傳說，神職人員史欽納第一次揭示了這問題的祕密。他把眼球後面許多不透明的結構一層一層地剝去，後來真的在視網膜上發現了「錄影」——是死者在死前一刹那中所看到的事物。這種說法聽起來讓人毛骨悚然。到19世紀後期，用化學物質已能使最後看到的「錄影」暫時固定在視網膜上，人們才普遍接受這種看法。

德國科學家科倫曾用鴿子做試驗。在陽光下，讓鴿子的眼睛對準窗格，然後立即把牠殺死，解剖後，果然在視網膜上發現了窗格的「錄影」。

英國男孩輕鬆抬起汽車

　　英國一名14歲的男孩竟然可以能將自己的父母舉過頭頂，甚至輕鬆抬起朋友一台重達1.4噸的雷諾汽車，因此被授予「英國校園大力士」稱號。這名叫克里斯·摩根的小大力士每天需要攝取5000卡路里來維持他的力量。克里斯的「牛力」還能舉起烘乾機和沙發，以方便媽媽打掃衛生。但是克里斯高強度的訓練和大量蛋白質營養餐的飲食導致他發育過快，已經沒辦法穿下學校的制服。克里斯的超級力量靠每星期4到5次的訓練，如此大的體能消耗需要不斷地進食來補充，他平均每2到3個小時就要吃一餐飯。飯量也是驚人的。早餐是一碗燕麥片，4到5片土司和雞蛋，幾個小時後還要補充蛋白質。午餐通常是金槍魚三明治，晚餐則為肉類和通心粉。

　　克里斯的媽媽黛比說：「克里斯每個星期的伙食費要140英鎊，他比同齡人要結實得多。」

赤腳在碎玻璃上行走的奇人

　　英國約克郡里茲市一名男子為了給兒童援助基金會籌款，在碎玻璃上赤腳行走超過18英里(約合30公里)，一舉創下世界紀錄。

　　這名叫奈傑爾的男子，在當地一家餐館裡的地板上布下許多碎玻璃，赤腳走路表演給客人看，還請了體育教練和記錄協會的人旁觀。他共用了長達27.5個小時走完這段30公里的碎玻璃路。

　　他說：「我已經習慣了在碎玻璃上行走，我想在餐館裡的顧客們在就餐時看到這樣一幕會更為震撼。在震撼的同時，也想起這次慈善活動的目的，於是便可能讓他們更關注兒童。」奈傑爾在完成這項紀錄時，被允許每個小時有5分鐘的休息時間。

用皮膚看書的女子

　　皮膚視覺功能早在30多年前就被人所知。庫列索娃就是世界上第一個被發現具有這種特殊功能的人。當初在她開發這種功能的時候，她甚至連聽都沒有聽說過人可以靠手指皮膚讀書、辨色。更沒有想到過，這種功能隨後會用她的名字來命名。

　　庫列索娃1960年參加文藝自修班學習，畢業後當了盲人協會戲劇小組的負責人。工作中，她看到盲人能用刺在紙上的盲文閱讀，感到吃驚。她決定試一試。

　　一開始，她用初級盲文字母練習。一天過去了，只模糊記住了兩個盲文字母。但她不氣餒，經過兩個星期的刻苦努力終於學會了閱讀。然而，她並不滿足，她又不顧旁人的嘲諷，大膽閉眼試讀普通人讀的字母。起初，她只有一種粗略的感覺。但是經過半年的刻苦練習之後，她居然能夠用手指閱讀鉛印的文章了。

　　1962年春，她患了急性扁桃腺炎，到醫院做切除手

術。有一天她同病房的女室友們，把眼睛蒙上，遞給她一本書。她用手摸著書頁，馬上讀出了三行文字。女室友們大為吃驚。醫生自然也不相信，把她叫到辦公室去，給了她一本書。書是放在枕套裡。她把一隻手伸進枕套，閉上眼睛，就用手指讀完了整整一頁她從來沒見過的醫學書，此事立即轟動了當地報界。

當年夏天在下塔基諾市開辦了一個少兒馬戲團。庫列索娃應聘到馬戲團演出。當時她表演的是蒙眼、不觸摸物體的顏色及外形。1965年她遷居斯維爾德洛夫斯克，在一所盲童學校從教。她用自己的方法教學生，但是，為了增強孩子的自信心，她沒有告訴孩子，她不是盲人。

盛名之下，必有挑剔者。一次，有人用一條塞了棉花的黑布條把她的眼睛嚴嚴實實地蒙好，要親自試試她。她當時卻說，這樣蒙起來還更好，可以全神貫注於指尖，試驗結果的確如她所言。懷疑者並不死心，又加了一條塞棉黑帶，而且給她了一本雜誌，還外加了一個密實的盒子以阻擋視線。懷疑者做得絕，可是庫列索娃更絕！她竟用腳指、手肘試讀，並一舉成功，在場者無不欽歡。後來應庫列索娃本人要求，人們在一頁白紙上方手指不接觸紙，只在空中畫了一個兩位數字。這數字實際上在紙上只留下體

溫的痕跡。庫列索娃竟能一絲不差地讀出這個數字。

庫列索娃這樣敘述:「當我閱讀時,摸到的如果是黑色,我的手指會有一種熱感;如果是白色,則有一種冷感。原來,皮膚「視覺「取決於顏色及照度。在自然光照條件下,皮膚對紅色、橙色最敏感,對紫色、藍色也不錯,而對黃色、綠色及天藍色最遲鈍。總之,皮膚視覺對光譜兩端的顏色(紅、紫)最敏感。人體皮膚甚至對紅外線、紫外線照射都會有反應。如果手掌被紫外線照射,那麼指讀的可能性就會增大。短頻光波能增加脈衝,進而加強特殊受光體的識別判斷能力。相反,事先施予的若是暖色光照,那皮膚視覺的敏感就降低。

對於庫列索娃的皮膚視覺功能,也曾有人質疑,科學家進行過多次檢驗,都證實,庫列索娃在辨認物體時,絕對排除了眼睛視覺。

大自然的奧祕無窮無盡。庫列索娃的皮膚「視覺」僅只其中之一。它也遠非自然界不可解釋的唯一現象,人類的任務就在於探索自然的奧祕。

邊做腦手術邊彈琴的音樂家

　　音樂家——艾迪‧阿德考克被診斷患有「特發性震顫症」，右手不斷震顫，嚴重影響他彈奏樂器。特發性震顫症是一種常染色體顯性遺傳病，也是最常見的椎體外系疾病，其典型症狀就是姿勢性震顫，多發生於手臂、胳膊、脖子以及下巴等處。後來，艾迪在美國範德比爾特大學醫療中心接受了「深部腦刺激」手術。醫生在艾迪的頭蓋骨上鑽出一個小孔，將電極放在艾迪的腦部，透過電極發出的電流來刺激造成手臂顫抖的腦神經細胞。手術進行很順利，由於是局部麻醉，手術過程中艾迪很清醒。而為了檢驗手術效果，醫生特意讓艾迪一邊接受手術一邊試著用手指輕輕撥動琴弦。當致病的腦神經細胞被電流觸動時，艾迪的右手立即不再顫抖，並能像正常人一樣快速地彈奏。

　　手術過程被一名外科醫生用攝像機全程拍攝下來。參與手術的一名醫生術後表示：「我們知道手術能有效控制他的病情，但他的表演能如此完美，我們還是很吃驚。」

10分鐘記住
7副牌的記憶超人

　　普里德摩爾是英國德比市的一名註冊會計師,他同時也是英國家喻戶曉的「記憶超人」,曾多次在英國本地和世界性的記憶錦標賽中奪取冠軍。

　　普里德摩爾的智商高達159,他平時喜歡玩各種智力遊戲,常被別人視為「天才」。不過普里德摩爾承認,他在學校時成績平平,非常普通,大學第一年甚至還被退學。然而,英國「記憶冠軍」雖然對數字的記憶能力非常強大。

　　他說,記憶「數字」或紙牌的訣竅是,自己能把任何2張紙牌或3個數字聯繫成一個「記憶形象」。普里德摩爾說:「在一長串數字中,每3個數位我都會用一個形象的物體或卡通人物來代表它們,譬如123的代替物是米老鼠,412的代替物是唐老鴨等等,我用這些形象代替物編成一個故事,也就記住了這些數字。這聽起來有些複雜,但如你熟悉這種方法,就會變得非常容易。」

　　普里德摩爾記憶撲克牌也使用同樣的記憶技巧，任何兩張紙牌他都會用一個相應物體來代表它們，而52張撲克牌共有2704個可能的組合，所以他必須用2704個相應物體來代表這些紙牌。普里德摩爾說：「在我的記憶體系表中，『方塊十』加上『梅花五』代表一把尺，『方塊六』加上『黑桃四』代表一張椅子，然後我會將這些象徵物在大腦中組成一個故事，它能幫我精確記住這些牌的順序。」

　　普里德摩爾相信，任何人只要學會他的「快速記憶法」，都能增強自己的記憶力。據普里德摩爾透露，他的一些「記憶祕訣」是：「譬如你需要購買一塊麵包、一品脫牛奶和一串香腸，那麼你就想像將一品脫牛奶澆在麵包上，然後用香腸將它捆起來，這一古怪的圖像就會深深印刻在你的腦海裡，你只需要將你的購物清單轉變成有趣的記憶而已。而記住一長串數字遵守著同樣的法則，你要讓這些數字變得更有趣。」

　　但他平時卻是一個相當「健忘」的人。普里德摩爾說，他的記憶能力只對紙牌和長串數字等「毫無意義的東西」管用，而對於人名、日期等「有用的資訊」卻經常善忘。普里德摩爾說：「我會忘記很多東西，譬如時間、地

點、人名等，類似經常找不到東西這些普通人常會遇到的『記憶障礙』，也會發生在我的身上。我至今仍然對於經常記不住別人的名字而苦惱。」

普里德摩爾甚至忘了自己創下的一些世界紀錄，他說：「我記得我在一小時內記住過27副撲克牌，我記得那次比賽發生在倫敦，可是在倫敦的哪個地方，我卻完全記不起來了。我記得我保持了4個撲克牌記憶的世界紀錄，和兩個二進位數字值的記憶紀錄，但我可能忘掉了其他一些紀錄專案。」

專家認為，他之所以在日常生活中「健忘」，是因為他在日常生活中注意力不集中而已，他根本就沒有用心記憶那些東西。

七歲神童智商超越愛因斯坦

　　印度曾經有一位名叫阿克里特・賈斯瓦爾的12歲小男孩，他目前在印度旁遮普大學中攻讀理學學士的學位。這位男孩不僅會說4種語言，並且在7歲時就替一名小女孩進行了一項複雜的外科手術。美國專家對他進行的智力測試顯示，他的智商比愛因斯坦還要高一些。

　　阿克里特生於喜馬拉雅山腳下的努普爾村。他出生僅10個月，就開始說話和走路。5歲就開始閱讀英語莎士比亞劇本，並懇求到當地的醫院中看醫生做手術。由於經常看醫生做手術，7歲時就無師自通，成了一名「外科醫生」。

　　7歲那年，他為家鄉努普爾村的一名小女孩首次實施了一項複雜的外科手術。這名小女孩的手指在一次事故中被開水燙傷，黏在一起。她的家人沒錢送她去看醫生，所以阿克里特決定親自幫她做手術。在那次手術中，阿克里特用一把解剖刀切開了那名小女孩連在一起的手指肌腱，

使小女孩的手指恢復了自由，手術「非常完美」。當時只有1.5公尺高的阿克里特立即成了印度名人，很多當地沒錢就醫的人都找他來看病。

阿克里特7歲時，美國天才發展中心的專家對他進行了智力測試，結果發現他的智商高達162——比愛因斯坦還高一些。阿克里特11歲時就以優異成績通過了所有中學教育的課程，印度教育部長為他授予了畢業證書，表彰他是印度特殊的天才。

阿克里特如今在印度德里市旁遮普大學學習，在學習之餘，他還鑽研著如何治癒癌症的良方。為了幫助兒子，阿克里特的父母賣掉了所有家產，在德里為兒子建立了一個私人研究實驗室。阿克里特曾花兩個月時間，在孟買市癌症研究協會裡，和科學家們一起進行癌症研究。還曾前往英國倫敦皇家醫學院，和英國主要癌症專家討論一些科學理論。

阿克里特的癌症治療理論包括：透過啟動酶或直接使用更改基因藥，修改引發癌症的畸形基因，英國專家承認他的方法在理論上是可行的。但由於太過理想化，目前不太可能試行。但阿克里特顯然未被嚇住，他說：「我的頭腦中已經形成了治療方法，儘管我還沒有付諸實驗。我的

計畫要成功也許得過兩年，也許得過40年，但我相信我將
能治癒癌症。」

　　雖然阿克里特是印度家喻戶曉的「神童」，但他仍然
擁有和同齡孩子一樣的喜好。阿克里特說：「我最喜歡的
英雄是蜘蛛人，我喜歡和朋友們一起去電影院看電影，我
最喜歡的電影是《鐵達尼號》。」

被兩根鐵釘
插腦三天的七旬老翁

　　71歲老翁林上勉在屏東市租屋，有天早晨聯絡朋友來修門鎖，友人發現禿頂的林翁頭頂有2個黑點。詢問時，林不慌不忙說：「是釘子啦！我自己用鐵錘敲進去的。」友人連忙報警送醫。

　　經X光檢查，發現6.4公分長鋼釘插入老翁腦組織5公分，4.1公分長螺絲釘則深入腦組織3公分，2根釘從頭頂額葉部及頂葉部交會處穿進大腦，幸未傷到腦血管和神經。醫師前日先用手術鉗子將鋼釘拔出，再反向旋轉出螺絲釘，之後消毒縫合，手術歷時2個半小時。

　　醫師說，額葉是管理動作意念的區域，釘子拔出後應不會傷害任何功能，若鋼釘偏移一兩公分，老翁可能立即斃命。

　　至於雙釘是誰插的？手術前，老翁告訴警方是自己釘的，後又指44歲妻子迷昏他，他隔天醒來感覺頭頂麻麻的，照鏡子後發現是釘子，因不痛所以不以為意。

用催眠搶劫的「催眠大盜」

　　義大利安科納市一個「催眠大盜」到超市付款時，對收銀員進行催眠，讓她將錢櫃中的現金交到了他的手中。

　　這個「催眠搶劫」的罕見罪案先是發生在義大利安科納市的一家超市中，一位神祕男子走進這家超市假裝購物，當他來到收銀台前假裝付款時，他突然低下頭，對50歲的女收銀員說：「看著我的眼睛！」

　　當那個驚詫的收銀員望向這個男子的眼睛後，突然就陷入了恍惚迷離的狀態中，鬼使神差地將錢櫃中至少500英鎊現金全都取了出來，交到了這個「顧客」手中。「催眠大盜」將劫來的現金放進口袋，然後若無其事地微笑著離開了超市。這個神祕男子就是英國傳媒曾經報導的義大利「催眠大盜」。

　　不過，讓這個「催眠大盜」想不到的是，他「催眠搶劫」的那一幕被超市監視器拍了下來。根據「醒」過來的收銀員說，她對當時所發生的一切毫無記憶，惟一記得的

話是那個男子對她說：「看著我的眼睛。」

　　「催眠大盜」在當地超市作案後，又盯上了當地一家銀行。銀行監視器顯示，這個男子在銀行排隊，當他最後走到一個銀行女出納員面前時，同樣對這個女櫃員進行催眠術，神志迷糊的女櫃員將櫃檯中至少600英鎊的錢款交到了他手中。隨後他平靜地走出了銀行。銀行出納員說，她對發生的一切也毫無印象，直到她看到櫃檯內的錢沒了，才意識到發生了什麼事。根據超市和銀行的監視器，義大利警方正在全力追捕這個「催眠大盜」。

被譽為「人體照相機」的畫家

英國孤獨症畫家史蒂芬‧威爾特謝爾被人們譽為「人體照相機」，因為他具有過目不忘的「瞬間記憶能力」，任何景色他只要看上幾分鐘，就能完全憑記憶在畫布上精確地複製出來。當他在倫敦皮卡迪里雜技場中站立10分鐘後，就毫不停頓地憑記憶繪出皮卡迪里雜技場的全景，而風景畫中的每個細節，都和真實景色幾乎一模一樣。

「人體照相機」史蒂芬的藝術畫頻頻在世界各地畫廊中展出，他也因此獲得了世界性的名聲，經常受到世界各國藝術團體的邀請出國獻技。2005年5月，他受邀乘坐直升機在日本首都東京上空飛行了30分鐘。當返回地面後，他立即在一塊10公尺長的帆布上繪下了東京全景圖，整個畫面的精確程度讓日本專家非常驚訝。日本電視臺更特意將東京的一張航空照片製成透明膠片，覆蓋在他的畫作上進行比較，結果發現史蒂芬畫作上的東京道路、主要建築物的位置和真實事物位置的相似度至少高達90%。

從那以後，史蒂芬又乘直升機飛過義大利羅馬市、香港、德國法蘭克福市的上空，並將所有這些城市的風景全都精確地複製到了畫布上。他的神奇記憶力，讓全世界的科學界和藝術界專家都深感震驚。

為了讓人們證實這一奇蹟，英國廣播公司為史蒂芬拍攝了一部名為《天才的片段》的紀錄片。在這部紀錄片中，史蒂芬乘坐一架直升機，在倫敦上空飛行了10分鐘。當他返回地面後，他立即憑記憶繪出了4平方英里範圍內倫敦市區的航空俯瞰圖，包括12座著名的歷史建築和另外200座建築，整個繪畫過程只花了3小時，史蒂芬的「倫敦風景畫」就像是照相機拍下來一樣「全面和精確」。

1974年4月24日，史蒂芬生於英國倫敦，他的電子工程師父親科爾文來自西印度群島的巴巴多斯島。當史蒂芬3歲時，父親就在一場車禍中不幸離開了人世，史蒂芬是被母親吉尼娃撫養長大的。

然而，史蒂芬從小就不願和其他人交流，他在3歲時被診斷出患有孤獨症。史蒂芬從不說話，也從不和別人有任何眼神接觸，他總是生活在自己的孤獨世界中，並且喜怒無常。當史蒂芬5歲時，他被送到了倫敦一所兒童特殊教育學校——昆士米爾學校中就讀，老師發現史蒂芬特別

喜歡畫畫，他和世界惟一的交流方法就是畫畫。

　　史蒂芬愛畫動物、倫敦公車、建築和都市風景。有一次，當教師拿走了史蒂芬的畫紙後，他終於首次打破沉默，說出了第一個單詞：「紙」。史蒂芬接著對老師說：「我想要紙，請給我紙，請讓我畫畫。」

　　令老師深感驚訝的是，患有孤獨症的史蒂芬竟具有驚人的「瞬間記憶能力」，他對任何景色幾乎都能過目不忘，能夠全憑記憶精確地繪出一小時、一天甚至一週前看過的風景，他畫中風景的細節精確度，和真實景色的相似度經常高達90％！

　　8歲時，史蒂芬在書中看到一張地震照片。時隔數日，他竟在沒有照片的情況下，重新憑記憶畫出了整幅照片，讓老師和家人深感驚訝。史蒂芬的驚人繪畫天才已吸引了科學家和媒體的關注，英國皇家藝術院前院長休‧卡森將史蒂芬形容成「英國最優秀的兒童藝術家」，史蒂芬還獲得了「少年畢卡索」「人體照相機」等美稱。

語言神童

　　阿爾潘‧薩爾馬在學校老師們的眼中，是「超乎想像」的語言天才。阿爾潘7歲時學會了義大利語，8歲時學會了德語，9歲時學會了西班牙語，10歲的他又學會了法語。他還曾參加過一個名為「少兒語言挑戰」的電腦教學課程，主修波蘭語、泰語、斯瓦希里語、漢語以及烏干達語。

　　這位語言神童來自一個英國籍印度裔家庭，居住在英格蘭伯明罕市的衛星城西密德蘭市。由於父母親在家中常講北印度語的關係，阿爾潘還在很小的時候，便熟練掌握了「第一門」外語。

　　阿爾潘對語言的精確發音源自他對音樂的敏感聽覺，要知道他同時也是英國「國家少年管弦樂隊」的隊員。說起自己的學習心得，少年老成的阿爾潘表示：「這些語言是我在學校中最喜歡的學習課目，就像音樂一樣，讓我愛不釋手。」

　　同時他還說：「學習斯瓦希里語也許是我所遇到過的最大挑戰，而漢語也同樣困難。幸虧學校老師提供了許多幫助，才使得我克服重重困難，掌握了如此多的語言。我打算在明年升入中學後繼續學習外語，但是還沒決定下一步學習哪一門外語。」他的老師理查・林恩表示：「他的表現讓我們自豪，希望升入中學後，他能將這種才能保持下去。」

鎖不住的奇人

作為英國著名的逃跑專家，現代魔術中逃生術的創始人，霍狄尼曾在英國蘇格蘭場看守森嚴的監獄中做過一次逃生試驗。

在眾兵把守的監獄裡，他僅用了三分鐘便從牢房中逃出，而且還將一間牢房中的三名犯人轉移到另一間牢房。英國警方也不得不佩服其高超的逃生技術，尊稱他為：「鎖不住的奇人」。英國很多媒體都把他稱為：「能夠將物體粒子分解，又能在另一個空間重組的人」。

詭異的眼神殺人事件

2007年3月，下諾夫哥羅德市（曾名高爾基市）商會為慶祝建市786周年，共同籌資，準備上演歌劇《浮士德》。接到演出任務後，歌劇院最終選定由資深演唱家安德列夫扮演主角浮士德。多年的演藝生涯練就了安德列夫一雙傳神的眸子，他甚至只用眼神就能表達出喜怒哀樂。

4月29日，《浮士德》正式上演。演出進行得很順利，很快到了第五幕的宮殿篇。此刻的憤怒是全劇的最高潮，在大運河前，浮士德焦躁不安地與梅菲斯特對白，這是一段充滿了壓抑、憤怒的臺詞，安德列夫到這時宛然變成了浮士德，充滿了憤怒的力量。安德列夫也因劇情而表現出焦慮的表情。而樂隊指揮阿列克謝卻分了神，手勢頓了一頓：音樂中立刻出現了不和諧的音符。對凡事都追求精益求精的安德列夫來說，這是不可原諒的。他惡狠狠地瞪了阿列克謝一眼。

阿列克謝身子猛地一震，在呆立了幾秒鐘後身子突然

向前倒了下去。臉龐痛苦地扭曲著說：「安德列夫的目光……我的胸口……喘不過氣……」說完又昏了過去。第二天早上，從醫院裡傳來噩耗，阿列克謝死了。醫生在解剖阿列克謝的屍體後，沒有找到死亡的原因，只能暫時以猝死作為結論。但歌劇院卻立即傳出了可怕的詛咒之說，安德列夫用魔鬼的眼神殺死了阿列克謝。

原來，在演出排練時，就曾發生過相似的場景。4月23日，安德列夫參加集體彩排。同樣在第五幕的宮殿篇時，場外一名場景師在搬運道具，聲音偏大了些。安德列夫不滿地瞪向他，希望他能安靜下來。場景師接觸到了安德列夫的目光，他的身體猛地顫抖了一下，呆立片刻，然後突然倒了下去。他手指奮力指向安德列夫的頭部，一言未發，然後猝然停止了呼吸。

眼神真能殺人嗎？這個新聞題材引起了《真理報》的興趣，他們請來了俄羅斯「腦波資訊技術」研究所的所長弗拉德和生物學博士格蘭特，一起探尋「眼神殺人」事件的真相。

弗拉德和格蘭特重建了案發現場，他們將歌劇院清場，將一切狀態都恢復到演出時的狀況。讓安德列夫的目光對準一隻固定在對面的猴子，然後用功能性磁共振成像

技術當場記錄猴子在接受安德列夫眼神時的反應。

當安德列夫又演唱到第五幕時，猴子有些焦灼不安地扭動身體，當安德列夫再次唱到宮殿篇的「我詛咒這……鐘聲一響，我便勃然大怒」時，猴子尖叫了起來，而且用力搖晃著身體，避開安德列夫的目光。直到演唱結束，猴子才安靜了下來，但彷彿大病一場。

實驗證明，當猴子看到帶有憤怒表情的目光時，腦內扁桃體（大腦中負責感知潛在威脅、調整情緒和指揮情緒行為的區域）活動強度增加了。在對安德列夫做過多次實驗後，弗拉德認為：用眼睛盯人真的可致人死亡，也對健康有害。

實驗證明，人類眼神是強大的生物脈衝發射源，能發出高頻生物波，因此能夠對別人產生影響。共同實驗者格蘭特博士也得出了類似的結論：人類眼神就像奇特的光電系統，既能接收也能發射信號。從眼睛裡發出的輻射是短波，像光或雷射一樣具有穿透力。這種「波」可以影響到中樞神經系統，大腦乃至整個身體。

真相終於大白，當安德列夫非常入戲時，情緒波動過大，所以導致生物脈衝波頻率超高，影響了場景師和樂隊指揮的心臟，最終導致了他們的死亡。

「蜥蜴男孩」

　　一位名叫塔庫爾的印度青年，被當地人稱做「蜥蜴男孩」。什麼叫蜥蜴男孩呢？原來，塔庫爾自5歲起，就養成這種習慣。當時他正在玩耍，突然看到1隻蜥蜴，他抓起蜥蜴，然後放入口中。在嘗過蜥蜴的滋味後，他就開始捕捉蜥蜴進食。在後來的20年中，他均以蜥蜴為糧食，每日三餐以進食25隻蜥蜴維生。雖然如此，但他仍然顯得健康和精力充沛，過著正常人的生活。據報導，塔庫爾每日進食20至25隻蜥蜴，在過去20年他已進食超過2萬5千隻蜥蜴。假如捉不到蜥蜴，他會感到煩躁不安。當地人對塔庫爾捕食蜥蜴感到驚訝，但卻阻止不了他。

　　除了蜥蜴，沒有其它東西可以吸引塔庫爾。當他出席鄰近村落親戚婚禮時，即便面對糖果和其它美食，塔庫爾仍然感到不舒服而到處找活蜥蜴作食物。常常在附近賓客大感震驚下，他一手抓起蜥蜴就狼吞虎嚥地吃下去。附近的人聽聞這種奇事，也常常跑來看他進食蜥蜴。

PART 3
神祕的靈幻世界
AMAZING! THE WORLD IS FULL OF SURPRISE

詭祕的古代幻術

　　《後漢書·陳禪傳》：「永寧元年，西南夷撣國王詣闕獻樂及幻人，能吐火，自支解，易牛馬頭，明年元會，作之於庭，安帝及群臣共觀，大奇之。」當時，陳禪上書反對設夷狄之技，尚書陳忠卻認為「禪國越流沙，逾縣度，萬里貢獻，非鄭衛之聲，佞人之比」。流沙在今西北，是古代中西交通的必經之地。

　　其實，幻術是一種虛而不實，假而似真的方術。《列子·周穆王》：「窮數達變，因形移易者，謂之化，謂之幻。造物者其巧妙，其功深，固難窮難終；因形者其巧顯，其功淺，故隨起隨滅。知幻化之不異生死也，始可與學幻矣。」陳傳的故事說明，在東漢時已流行幻術。

　　東漢孫奴善使一套割頭術。《異苑》云：「上虞孫奴，多諸幻伎。元嘉初叛，建安中複出民間。治人頭風，流血滂沱，噓之便斷，創又即斂。」這種幻術類似於現代的移頭魔術。

　　託名於漢代劉歆，東晉葛洪輯抄的《西京雜記》也記載了漢代幻術，《太平御覽‧方術部》引其文：「淮南王好方士，皆以術見，遂後畫地為江河，攝土為山嶽，噓呼為寒暑，噴嗽為雨露，王亦卒與諸方士俱去。」又云：「余所知有鞠道龍善為幻術，向余說占事，有東海人黃公少時為幻，能刺禦虎，佩赤金為刀，以絳繒束髮立興雲霧，坐成山河。及衰老氣力羸憊、飲酒過度，不能複行其術。」

　　這種興雲吐霧的幻術，傳聞漢人樊英也有一招，《後漢書‧方術列傳》記載：「嘗有暴風從西方起，(樊)英謂學者曰：『成都市火甚盛，因含水西向漱之，乃令記者曰時。客後有從蜀都來，云：是日大火，有黑雲卒從東起，須臾大雨，火遂得滅。」這件事有偶然的巧合性，也可能是術士之間串通，也可能樊英有特異功能，存疑待考。

　　五代有術士能招鳥至。宋郭若虛在《圖畫見聞志‧術畫》記載：「昔者孟蜀有一術士稱善畫。蜀主遂令於庭之東隅畫野鵲一隻，俄有眾禽集而噪之。次令黃筌於庭之西隅畫野鵲一隻，則無有集禽之噪，蜀主以故問筌，對口『臣所畫者藝畫也。彼所畫者術畫也。』」

　　中國古代的幻術還有許多，如穿著衣服在火中走；不

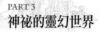

畏寒暑；米變金魚；燈上現龍；燒紙現字；啐扇還原；耳邊聽字；空竿變魚；隔物透視；意念取物等。幻術無一非虛，無一非假，它實際就是魔術。每一種幻術都需要精心策劃，才能將虛作實，以假為真。它是生活經驗的總結，觀察實踐中的一些巧合現象，再進行加工和編排。

表演者在眾目昭彰之地，從容不迫，不露破綻，如「口吐字畫」，表演者噴水牆壁，就能現出字畫。其原因在於事先以五倍子浸水，用這種藥水作書畫於牆壁，隱而不見，臨表演時以皂莢水噴之，便能顯出書畫，如筆墨所書，這是需要一定技藝的。但是，像斷舌割顱之類，卻總讓人想像更多。

筆仙的力量

　　「筆仙」是一種招靈遊戲，透過筆來和一種我們姑且稱之為「筆仙」的生物交流。筆仙，並不是附在筆上，而是平時就在我們身邊的。學生中流行的請「筆仙」、「筷仙」、「碟仙」等遊戲，並不是什麼新鮮的現代遊戲，而是中國最古老的巫術之一「扶乩」的變種或簡化版。

　　扶乩，《辭海》的解釋是：一種迷信，扶即扶架，乩指蔔以問疑……也叫扶箕、扶鸞。世界各地都有與扶乩相似的迷信。據《中華道教大辭典》解釋：扶乩是古代「天人交通」術的一種。英文為Sciomancy或Planchette Writing，意即箕占、篩占、乩占等。

　　扶乩的最早紀錄見於中國東晉時期，唐時傳入日本，由日本傳入荷蘭，再由荷蘭傳入歐美各國，日本叫做「靈子術」，西方國家稱扶乩的板為「維吉板」，研究扶乩的組織叫「靈學會」，能夠組織扶乩和與神交流的人稱「神媒」或「靈媒」。

　　在中國，最早發端於對傳說中紫姑仙的崇拜，而起源時間歷史記載也說法不一。南朝的劉敬叔在其《異苑》中就有這方面的記載，宋代人洪邁在其《夷堅三志》中卻認為是唐朝武則天時期才逐漸出現。扶乩巫術的變化，表現在紫姑故事的變化、請神時間、場所和請神內容的變化諸方面，沈括的《夢溪筆談》曾有過記載。

　　其實，從物理角度完全可以解釋這種現象。玩「筆仙」不允許以肘或腕作支撐，需保持懸空，筆垂直於紙面任何一點，而同時求仙者被要求不能讓筆掉下來（因有說法是掉筆會折壽）。身體時刻被要求放鬆，同時還承受地心引力。控制身體面積需要維持一定張力，受到指令壓力，身體的壓強就會加大。當懸腕、無支撐、光滑紙面、尖筆這一切矛盾條件具備，兩個人都會互相用力，因此，身體作用下的筆環行運動成為必然。

薩滿民俗儀式
「跳大神」

在中國北方農村，曾有以封建迷信「跳大神」騙取錢財的活動。「跳大神」是薩滿教中一種常見的儀式，被視為一種活著的人和死著的人的交流方式。而現在，跳大神更多的被作為一種民族藝術被保留了下來。正式稱謂叫：「薩滿舞」。

一般來說，薩滿舞要有兩個人共同完成，一個是一神，一個是二神，一神是靈魂附體的對象，二神是助手。在跳大神過程中，一神多是在「旋轉」，二神耍鼓。有固定的曲調和請神詞，神請來之後，由二神負責與神（靈）溝通，回答人們的問題。請來的有的時候是所謂的仙，有的時候是死去的人的靈魂。

在古代，薩滿舞也就是巫師在祈神、祭禮、祛邪、治病等活動中所表演的舞蹈。古代中國北方薩滿信仰民族中，曾盛行過這種巫舞。其中，蒙古族稱薩滿舞為「博」、「博舞」。薩滿的神帽上有鷹的飾物，身穿帶

有飄帶的裙，腰裡繫著9面銅鏡，用以顯示其的神威、法力。表演的時候，法器用單面鼓，一名薩滿為主，另外兩名薩滿為他擊鼓伴奏。舞蹈多是模仿鳥獸與各種精靈的動作，最後表演「耍鼓旋轉」。

滿族稱薩滿舞為「跳家神」或「燒旗香」。表演時，薩滿腰間繫著長鈴，手持抓鼓或單鼓，在擊鼓擺鈴聲中，請來各路神靈。神靈來後（俗稱「神附體」），即模擬所請之神的特徵，作為各路神靈的表演。比如：請來「鷹神」，要擬鷹飛舞，啄食供品；請來「虎神」，要竄跳、撲抓；或者在黑暗神祕的氣氛中舞耍點燃的香火，這就表示已請來「金蒼之神」。

隨著人民文化素質的提高和科學知識的普及，「跳大神」現在已不多見了。但在中國東北地方戲「二人轉」中還有類似形式的娛樂表演。

千古巫音——儺

　　在群山起伏、層巒疊翠的中國黔北湘西山區，至今還保存著一種奇特的原始文化現象——儺。儺，原本為上古初民驅邪除疫鬼的禳祭。在沈從文的《邊城》中，男主人公叫「儺送」，意為「被神眷顧的人」。

　　據《玉篇》解：儺，魌假借字，驚驅疫癘之鬼。周代的時候，這種禳祭逐漸發展為大規模的宮廷儺禮和民間鄉儺活動，從古籍記載中可知，周代的儺儀基本保持著原始巫舞的面貌和特徵：巫師頭戴面具，手執儺器，邊歌邊舞，降神驅鬼。到了漢代，宮遷每年舉行「大儺」儀式，除了戴面具摹仿十二種神獸，用舞蹈驅除鬼魅外，還有手執鞀鼓的侲子合唱禮神的歌曲。而後，這種巫術文化逐漸從日益發達的中原退去，卻在地域偏僻，生產方式原始的西南地區長期保留下來。

　　儘管經歷了漫長的歷史時期，但其原始巫術的核心和表現形式，卻基本保持不變。儺戲，是人們瞭解儺文化的

「活化石」。

儺戲中的「儺音」，作為原始音樂和語言的遺響，對人類音樂和語言的起源和演變，具有很高的研究價值。學家經過考證曾經推測，原始人的語言和音樂沒有明確的劃分；而同時這帶有特殊聲調的一個感歎音，因為不是一個詞句，甚至不是一個字，而是代表一種頗複雜的涵義，所以是孕而未化的語言。

儺戲的另一個重要特徵是儺面具，是審美起源於原始宗教活動的有力證據，在儺信仰者看來，儺面具有超自然的神的屬性。在這種觀念的支配下，儺文化地區發展了精湛的面具雕刻藝術和豐富多彩的面具舞蹈表演。

然而，隨著文化的發展，儺戲吸收了大量民間現實生活的素材，人間氣息漸濃，巫術意味減弱。不僅部分面具造型從早期猙獰嚴肅的圖騰面貌轉向世間人物喜怒哀樂的面容，而且許多面具舞也從純粹的「娛神」走向「娛人」，成為公眾喜聞樂見的娛樂活動。

從這種演變中，人們可以清晰地看到巫術與審美相剝離的過程。晉代（文康伎）娛人面具舞，與儺儀儺舞有千絲萬縷的繼承關係；今天人類的戲曲臉譜，其造型多脫胎於儺面具。看了儺戲就會明白，戲劇的審美活動，正是從

原始宗教活動中緩慢地走出來，巫術意味不斷淡化的過程
中，逐漸成為一門獨立藝術的。

　　儺戲，正好補充了人類音樂、語言起源研究中的一個
缺環，使以往的某些推論有了確實的證據。在舉行儺祭儀
式時，巫師不斷地提高聲調或降低聲調，使之產生一種介
乎說話與唱歌之間的聲音形態，似說非說，似唱非唱，這
種用特殊聲調表現某種語言，或者把某積壓語言用近似音
樂的語調加以強調的狀態，無疑是人類語言和音樂較早的
存在形式。可以說，巫術催化了人的語言特別是音樂的發
展。

　　正如儺面具的演變一樣，隨著儺戲舞巫術意味的逐漸
淡化，不少儺壇巫音也漸漸從神壇向世俗演變，成為相對
獨立的歌唱藝術形式，構成群眾性審美娛樂活動的重要部
分。

迷幻催眠

　　催眠術，說得更準確一些是「類催眠術」，在久遠的古代就已經有了，但它總是與宗教活動、甚至迷信活動聯繫在一起。印度婆羅門教中的一派所進行的「打坐」，就是一種自我催眠的方法。後來這種方法被引入佛教，成為盡人皆知的「坐禪」。

　　與此相似的，便是道教中的「胎息法」。在中國古代，江湖術士所慣用的讓人們神遊陰間地府、扶乩等等，事實上都是借助於催眠術的力量，使人們產生種種幻覺或進入自動書寫的狀態。

　　古代歐洲，古催眠術被神職人員用作傳教或佈道的工具，也用於為人算命問卜，消災祛疾。西元2世紀，希臘神廟中一些經過訓練的祭司，專為教徒占卜預言。他們在地上挖一個洞，裡面放上升騰淡煙的硫磺，施術的僧侶經過數日禁食，體虛無力地緩緩走到洞窟邊，深吸硫磺蒸汽，不久呈現神志恍惚的自我催眠狀態，並以仙人附體之

語言，為人占卜預言，指點迷津。

中世紀，古羅馬的僧侶每當從事祭祀活動時，就先在神的面前進行自我催眠，呈現出有別於常態的催眠狀態下的種種表現，然後為教徒們祛病消災。由於僧侶們的狀態異乎尋常，教徒們疑為神靈附體，故而產生極大的暗示力量。同時，虔誠的教徒以類似集體催眠的方式祈禱，他們用意念凝視自己的肚臍，在單調重複的誦經聲中，疲乏地閉上雙眼，呈現出催眠狀態。在主持者或自我暗示下，會出現看到「神靈的影像」或聽到「神靈的聲音」等現象，以此獲得心靈的寬慰或擺脫憂慮和煩惱。

總之，催眠現象帶有濃厚的神祕與迷信色彩，不論是在西方還是在東方，其宗教活動中或多或少地存在著「類催眠」現象。所以，催眠已經成為宗教活動不可缺少的一部分。

靈魂附體

　　靈魂附體，被解釋為某些人或者某些生物的生命能量附著在其他生命身上的現象。在任何空間裡，這種現象都是經常性地、不間斷地。能夠發現或認識到這種現象的人，通常被稱為特異功能者或智慧超高地人。

　　靈魂附體有鬼神類的附體，也有動物的附體。中國古代的傳說中，最為著名的也許要算妲己了。傳說中，妲己為幫助女媧報復輕薄的紂王，讓九尾狐妖附在她身上，迷惑紂王，結束了殷商的統治。美麗純樸的妲己，被「狐妖」附體後，成了禍國殃民的罪魁禍首。

　　這些古老的傳說也引起了現代科學的注意。據稱，瑞典科學家成功完成了「靈魂附體」實驗：透過操控志願者的感知，使其將別人的身體誤認為是自己的，出現身在別人體內的幻覺，並且能「體驗」他人的感覺。即使兩個人外表和性別不同，參加實驗的志願者同樣能「感覺到」自己進入了對方的身體。無論志願者處於靜止狀態，還是自

如地活動身體，都能達到同樣的效果。

　　科學家還發現，利用輕微的電流刺激人體大腦的特定部位，就能讓人出現「靈魂出竅」和「居高臨下看自己身體」的感覺。此外，神經學家透過電流刺激某些部位，也能讓接受者產生類似「身邊有個黑影在活動」之類的奇怪幻覺。

　　醫學家表示，有些病人在接受截肢手術後，仍感覺自己肢體還存在，這同樣是幻覺，而不是傳說中的「超自然能力」。不管是否屬實，事情本身顯示了這樣一個道理：許多看似不可能的事，或許都可以用科學解釋。

原始巫師與致幻蘑菇

　　無論在中美洲的熱帶雨林還是西伯利亞寒帶的白樺林，蛤蟆菌紅黃相間的豔麗色彩，總是最能吸引採蘑菇人的注意。這種美麗的大型真菌其實是一種有毒蘑菇，少量食用能麻痺人的中樞神經，使人進入酒醉狀態，並且產生各種幻覺與幻象；過量服用則能致人於死地。

　　在現存大約1萬6千多種蘑菇中，能夠產生致幻作用的有24種，其中有些如蛤蟆菌等是全球性分佈的。而中美洲和南美洲不僅出產蛤蟆菌，而且有致幻作用更強的墨西哥裸蓋菇，阿茲特克裸蓋菇以及古巴球蓋菇等。可以說，中美洲是世界上致幻菇出產最集中的地區，同時也是食用各種毒菇風氣最盛的地方。

　　早在16世紀，西班牙人征服墨西哥後，就注意到本地的印第安土著喜歡在拂曉前吃致幻菇，並且自我陶醉在幻覺之中。等幻覺過去以後，他們便三三兩兩地湊在一起談論各自所見的不同幻境，以及天神賜予的某些啟示和各人

的自我體會。

美國真菌學家沃森《索瑪——不朽的神蘑菇》中，更進一步指出古印第安人崇拜的主神之一「索瑪」(Soma)就是蛤蟆菌的化身。直到現在，食用乃至崇拜蛤蟆菌的風俗仍在墨西哥等國的山村中流行，人們很容易在鄉村集市發現這種毒蘑菇。當然，購買它的除了是一些有幻遊嗜好的人之外，主要仍是與鬼神溝通的職業巫師。

可是，大多數能夠致幻的蘑菇都帶有毒性，吃起來要十分謹慎。馬德里的馬雅抄本，就在蛤蟆菌插圖邊加上「西迷」(死亡)的標記，以強調其危險性。在古代美洲巫師的眼裡，這種危險性無疑會加強了他們法術的魔力，為此他們還雕刻了許多蘑菇形的神像以供崇拜。參與過古馬雅遺址發掘工作的法國巴黎自然歷史博物館教授海姆研究發現，石刻雕像上的「神蘑菇」曾經主宰過馬雅宗教的教義。

在西伯利亞，沃森在他的另一本專著《俄國，蘑菇及其歷史》中，描述了西伯利亞西部、北部的通古斯人和雅庫特人崇拜致幻菇的儀式。他們在吃蛤蟆菌之前，往往由婦女先將蘑菇放在嘴裡嚼碎、然後灌入臘腸，供男人們食用。而西伯利亞民間至今仍保留著在狂歡節晚上吃蛤蟆菌

的習俗，人們把這種蘑菇浸在伏特加酒裡，以取得在痛飲之後產生的幻覺效果。在平時，也常有人把曬乾切碎的蛤蟆菌拌入水、牛奶或者漿果中食用，據說這是當地人的上等美味。除了美洲、西伯利亞之外，在非洲的幾內亞、亞洲的婆羅洲和印度等地以及歐洲北部北極圈附近的拉普人等部落中，都曾盛行過吃致幻菇的風俗。

學者麥克唐納曾指出，雅利安人在大約西元前1500年前開始由北方進入印度次大陸，同時也帶來了他們對致幻菇的狂熱崇拜，古代印度教許多教義也是從中衍生出來的。在印度教最古老的經典四吠陀之一的《梨俱吠陀》中，有1000多首讚美蛤蟆菌的頌歌，用形象生動的詞彙直接描述了這種致幻菇的形象和效用。

根據考古學發掘與人類學調查的資料，發現世界各地致幻菇崇拜風俗完全是全球性的。歷史上世界各地的巫師都曾經十分愛吃這種被稱為「神菇」的毒蘑菇，把它作為神人交往、占卜，預言以及作法的媒介。由此推之，早期人類的原始宗教很可能都曾或多或少地與崇拜並食用那些毒蘑菇有關。

隨著人類文明的不斷演進，原始巫教正日益萎縮，崇拜致幻毒蘑菇的風俗也正在迅速消失。然而，有關神祕的

致幻菇研究正日益吸引著越來越多學者的注意，甚至包括腦科學、精神病理學以及藥理學家門，都致力於致幻菇成份及藥理的各種研究，希望它們能在現代科技之下發揮新的作用。

「吃顏色」、「看聲音」的連帶感覺

　　北卡羅來納州的一位心理學家每次吃天使蛋糕的感覺不是甜，而是粉紅色。阿肯色州的一位電腦程式員，一聽到汽車收音機內傳來緊急廣播系統的試音，眼前的萬物就全變成了明亮的橙色。

　　紐約市有位舞臺燈光設計師一吸吮檸檬，就感覺有很多針壓在臉及手上，而荷蘭薄荷的味道有如一些直徑二英寸大小的冰冷玻璃柱。佛羅里達州有位社會工作者，他每天只要聽到音樂就會看到無數金球和直線在眼前飛舞……

　　這些人都鄭重聲明他們既沒有說謊也沒有吃迷幻藥和發瘋。這種現象在醫學上被稱為「連帶感覺」。從1911年到1960年間，研究人員發現許多形式迥異的連帶感覺，其中以色彩化聽覺最常見。

　　在色彩化味覺、視覺痛楚的人群中，甚至有一個案例報告說，發現有聽動連帶感覺的奇特現象。有個14歲的男孩，當他聽到某些字音時，身體會扭曲成一些形狀。14年

後當他時再度測驗時，身體還會有相同的反應。而住在加州羅當多海灘的電腦程式員葛哥利‧哈奇金，每次聽到聲音都會看到各種各樣的幾何圖形。

很多科學家都深信法國作曲家奧利維‧馬新是一個有連帶感覺的人。在1978年的一次訪問中，馬新提到：「色彩對我十分重要，因為我有一種天賦，每當我聽到音樂或看到樂譜時，會看到色彩。」

阿肯色州有位電腦程式師邁克，每當他說起自己小時候可以聽到多種顏色時，別人都覺得他在胡說八道。他喜歡電子樂器發出的尖銳清晰的樂音，因為聽到它的時候，他可以看到十分明顯的形狀和顏色——棒棍上升，可愛的綠色金字塔飛揚。除了清晰大聲的單一音調外（如緊急廣播系統的試音），他聽到的萬物都能成明亮橙色。摩洛表示，他所看到的其他形狀和顏色並不會干擾他的正常視覺。「它們就像透明的疊影像，我能看穿它們。當然一閉上眼睛，那些東西還是存在。」

各種感覺分離的正常人或許會懷疑這些人只是將他們的感覺過度藝術化罷了。但科學家卻認為決非如此：相同的刺激能一再引發特定的感覺。也就是說，一個真正具有連帶感覺的人會一直斷定降b音是黃色的，荷蘭薄荷是玻

璃柱等等。幾年後，再重作相同試驗，結果還是一樣。

　　不論連帶感覺是將藝術感覺化，還是有一定的科學解釋，相信這些人體會到的都是常人無法體會的神奇自然。

能與祖先通靈的「死亡瓶」

與「神靈」溝通總是有多種方式，或是靈魂附體，或是催眠幻覺，但都是透過特殊的自身臆想來實現的。而用「死亡瓶」與祖先通靈，則是古馬雅人的獨特方式。

考古學家曾經發現過一個罕見神祕的「死亡瓶」，其歷史可追溯至1400年前馬雅文明時期。這是迄今為止發現的第一個「死亡瓶」，這可能是當時馬雅人在祭祀時與祖先「通靈」的器皿。這是一個沒有瓶塞的瓶子，屬於馬雅烏盧阿風格裝飾瓶，瓶底還殘留著祭祀供奉食物、可可灌腸液以及誘導嘔吐的迷藥。

這個被命為「死亡瓶」的神祕瓶子，是在2005年在洪都拉斯西北部一個小型金字塔狀宮殿下挖掘出土的。當時瓶子旁，還有一具人體骨骼殘骸。瓶子內和外部的土壤分析顯示，其中包含著玉米、可可樹和人工吐根樹花粉，人體服用這些花粉後會出現嚴重的嘔吐現象。

據記載，古馬雅人祭祀時有以下幾種通靈方式：祭祀

者對自己的身體進行切割或放血；口服大量的濃可可灌腸液產生昏迷；或者是吸食人腦漿然後嘔吐。南佛羅里達州大學人類學家克利斯蒂安‧威爾斯說：「這些跡象顯示這個神祕瓶子可能是一千多年前古代馬雅人在祭祀儀式中所用的器皿，當人們服用瓶內的『迷藥』物質會表現出精神恍惚。古馬雅人認為這種狀態下能夠實現與祖先『通靈』，透過與祖先的接觸和溝通可以預知將來的災難……我們認為死亡瓶內的飲料含有吐根樹花粉，這將導致服用者嚴重嘔吐，產生的昏迷狀態使服用者進入幻覺狀態，古馬雅人認為這樣能夠與祖先進行溝通並預見未來。」

　　這個白色大理石質地的瓶子有助於揭示馬雅烏盧阿風格裝飾瓶（Ulua-stylevases）的神祕面紗。大多數這樣的瓶子不是被盜墓者偷竊就是仍埋藏在地下，仍有待於現代考古學家進行勘查研究。而這個烏盧阿風格裝飾瓶十分罕見，這是迄今為止第一個出土的此風格的裝飾瓶，因此將其命名為「死亡瓶」，目前這種瓶子的真實用途，人們還不是很清楚。

魔法師與水晶球

　　在西方的神祕傳說中，魔法師和他的水晶球讓人無限的著迷。在世界的各種文化中，都存在這些神奇而讓人著迷不解的魔法師。

　　最傳奇的魔法師或許是那些出現在神話故事中的人物，任何事情都難不倒他們。他們可以在天空中高飛，或突然消失，或從空氣中變出一束鮮花。他們宣稱掌握神奇的力量，擁有有不可思議的魔法，能夠變出自己想要的東西，能夠變形，甚至能夠變成動物，當然也可以預測未來，治癒疾病，在時空中自由穿梭……這樣的魔法曾令多少人幻想過呢！

　　在中世紀的西方，神奇的魔法師總是與神話故事中英勇的國王、美麗的少女和貴族齊名。其中，亞瑟王顧問梅林的故事是人們耳熟能詳的。傳說中，梅林把英國的國寶——史前巨石柱——透過魔力從愛爾蘭移到了英國。當時，英國國王奧利里烏斯希望修建一個大型紀念碑，於是

梅林選擇了在愛爾蘭被叫做「巨人的舞蹈」的巨石，因為人們相信巨石具有特殊的功效。但是15000多名全副武裝、帶著梯子和纜繩的英國士兵卻無法把巨石移動半步。而梅林不費吹灰之力，就把石頭從愛爾蘭搬到了英國。

歷史上最古老部落魔法師是薩滿教士，他們也被叫做藥學專家或是薩滿教士。薩滿教士很多都是醫生、牧師或是超自然方面的專家。在一些原始部落社會中，薩滿教士的地位僅次於部落中的酋長。他們的職責既包括治療疾病、占卜未來、與靈異世界溝通，以保證在狩獵、捕魚、種植的過程中能夠得到足夠的食物供給。也負責尋找失蹤的人，確定竊賊的下落，保護村莊不受敵人的破毀。薩滿教士不僅是部落中護身符的製作者，他們也是文化的主要傳承人，負責保護部落中的神話、傳統代代相傳。

有時候成為薩滿教士的過程本事就是傳奇。一個看起來與普通人沒有什麼兩樣的平常人，因為做夢或其他特殊的經歷使得他們突然開了竅，這時，他會回到大自然中，一個人像野獸一樣生活。這個過程通常會持續幾個月或幾個星期，其間他逐漸學會控制自己的超能力。一般來說這個時期他都是絕食的。

根據古老的傳說和傳統，這樣的薩滿教士會透過做夢

而得到啟示，夢中他的守護神或動物會給予他指導，告訴他已經擁有了自己都不知道的能力，以及未來的命運和將在社會中扮演的角色。然後，他以薩滿教士的身份回到人群中開始新生活，將人的祈求、願望轉達給神，將神的意志傳達給人。

在薩滿儀式中，大家載歌載舞，同時薩滿教士也會靈魂出竅，與那些指導他的幽靈進行溝通，帶回有用的資訊。根據文化的不同，薩滿教士有的時候會穿動物毛皮製成的衣服，或佩戴不同的面具，在身體和臉上描繪不同的圖案，或披上大斗篷象徵著他的精神「飛」向了另一個世界。

在很多文化中，薩滿教士的儀式通常會展示超自然能力及使用一些特殊的技巧，他們可以在火上漫步、從繩子中掙脫、吞刀、吃玻璃、讓木偶跳舞，或者使用特殊的腹語術，他們有的時候可以和隱身的幽靈在眾目睽睽下對話。同時，不管是哈利波特的飛天掃帚、魔法手杖，還是薩滿教士神祕的面具，魔法師的手裡總有一個協助他們魔術的特異工具。對於魔法師而言，水晶球就是他們的「魔杖」。他們常常透過讓人雙眼凝視水晶球，達到精神集中的目的。而水晶球的球形體本身就代表一種「圓滿」，而

「圓滿」是所有宗教、靈修、科學、哲學及人生追求的終極目標。

魔法師使用水晶球占卜時，會告訴人們：「請雙眼看著那圓圓的水晶球，它對你將施展無形的魔力，你必須摒棄胡思亂想，誠意地進入它的世界，它將對你的精神有益，使你獲得靈感及得到一切的暗示。現在，你自我觀念完全消除吧！用你的雙眼望著它，直到你和它相通」。

在凝視約三分鐘，若此人將眼皮蓋下，呈疲倦狀態，則可漸漸進入感應世界中。當「精神統一」時，潛在意識出現，魔法師就會針對你此時的反應來進行占卜。水晶球是一個必要的輔助工具，讓魔法師與正常人完全相通，達到某種共感，使人們在意識中看到的世界發生巨大改變。

吉普賽人與神祕塔羅牌

「塔羅」一詞，是取自埃及語的tar(道）和ro(王）兩詞，含有「王道」的意思。因此，「塔羅」本身也就是指身為王者，他應該具備正確的決斷力，這也正是這種占卜方式的起源。

塔羅的起源是一個難解的謎，但它隨著流浪的吉普賽人被人們所熟知。

吉普賽人起源於印度北部，散居全世界的流浪民族，以占卜為生，塔羅牌就是他們其中一種占卜方法。吉普賽人一般不飼養食用牲畜，也不事農桑，而是依靠城鎮和農村的居民謀生。

傳統中，吉普賽人一向在城鎮和鄉村居民區周圍，尋求與其流浪生活相適應的生計。男人以販賣家畜、馴獸、補鍋(黑白鐵匠)和充當樂師為業。婦女從事卜筮、賣藥、行乞和表演等行業。獸醫學問世以前，很多農民依靠吉普賽的家畜商人指導牧群的養護管理。

現代吉普賽人乘坐車輛旅行，以出售舊汽車和拖車代替了家畜販賣。不銹鋼炊具的大量生產淘汰了補鍋業，一些城市吉普賽人成為汽車技工和修理工。雖然仍四處流浪，但他們的生活也反映了外在世界的進步。流動馬戲團和娛樂場所為現代吉普賽人提供了工作機會，如馴獸師、小吃攤販和算命仙。

在很長的時間裡塔羅牌只有吉普賽人才能看得懂，許多塔羅牌的牌意都是以吉普賽人的解釋作為基礎的，同時吉普賽人還發展了塔羅牌的占卜方法。塔羅牌共有七十八張，每張精緻的紙牌都有它獨特的圖案和意義。占卜的方法是以某種形式（即人們俗稱的「牌陣」）將牌給排列好，然後再查看牌的所在位置及牌意來做分析判斷。可以針對愛情、人際關係、工作（學業）等不同需求來做占卜。

泰國巫師「煉屍油」

電影《雙瞳》中泡在藥水罐裡的女嬰遺體，具有神祕的詭譎氣氛。一般來說，許多國家民族的傳統皆相信，人死後要入土為安，才能讓亡靈安息並順利投胎轉世。偏偏泰國就有多具有名的嬰屍，被父母安放在自己家中或是佛寺中。

泰國曼谷郊區的小佛寺中，有一個泡著嬰兒遺體的大罐子。雖然沒有恐怖的雙瞳，卻是一具「雙頭」連體嬰屍體，當地人則稱之為「雙頭神嬰」，相傳具有特別的靈氣。信眾在求財求子之餘，身處於不到二坪的斗室中，仍覺得不寒而慄。可是，在篤信佛教的泰國人看來，如果嬰兒在母親體內夭折，或者一出生便死去的話，其遺體就特別有靈氣，泰國人稱這些嬰靈為「神嬰」。

由於泰國是個佛教相當盛行的國家，當地人對於生死的看法也都相當超然。父母將死去的嬰孩屍體放置在佛寺中，等待法師做完法事後下葬；但一些特別具有靈性的嬰

靈，卻會被保存並供奉在自己家中。

此外，當地人還傳言，這些嬰屍充滿神祕的力量，比如一些供養在家中的嬰屍保存完好皆不會腐化。於是，有些隱居在泰北偏遠山區的巫師，若知道村落中誰家有嬰兒夭折，就會主動與嬰兒父母洽談，用金錢交換嬰屍，煉取屍油，輔助自己施展邪術。

走在泰國的傳統市集中，很容易會發現一罐罐橙黃色、類似花生油的小瓶子，小販說這是「屍油」。據當地導遊表示，其實大部分都是假的，因為沒有那麼多屍體可以提煉屍油。只有那些由山區巫師所提煉的屍油，才是如假包換的嬰屍油。

PART 4
出人意料
的世間奇事

AMAZING! THE WORLD IS FULL OF SURPRISE

大山中神祕的「法國村」

在中國廣西省上思縣南屏鄉六細屯，有一個神祕的「法國村」。關於村名的來源，則有一個流傳甚廣的故事。

第二次世界大戰期間，日軍在太平洋戰場節節敗退，戰敗的日軍擔心盟軍在印支登陸，會令日軍腹背受敵，於是在1945年3月9日夜，日軍發動了「三九政變」，向印支全境的法軍展開突然襲擊。法國軍隊兵敗，在涼山的一部分法軍渡過北侖河，利用在十萬大山天主教傳教師、教徒的關係進入藏於莽莽蒼蒼山巒之中的六細屯。直到1946年1月，這支法國軍隊才踏上了重返印支的道路。正因為此，這所村莊又被人稱為「法國村」。

以「浪漫、豪爽」著稱的法國人和以禮甚恭、民風淳樸的瑤家人因此組成了一個大家庭。在日常頻繁的交往當中，他們也結下了深厚的友誼。不僅如此，他們還演繹了一段段感人至深的愛情故事，這其中就包括一個叫李秀文

的女子。這位年逾八十的老人仍然健在，雖然時間已經過去了很久，但對當年的戀人，她依舊沒有遺忘：「我經常在夢裡夢見他，我永遠都不會忘記他……」。

少女時的李秀文是六細屯的寨花，她心靈手巧，而且性格開朗。法軍入駐時她正好15歲，那時經常跟著比她大3歲的阿娟去幫法軍工作。後來，李秀文跟一位帥氣的法軍士兵相戀了。她叫法國士兵為「阿喵」。「阿喵」，這是一個即有漢字音，也有法文調的名字，以至於後來成了李秀文一生都在時刻惦記的符號。

但甜蜜與安逸往往是短暫的。第二年初，法國軍隊要離開十萬大山，重回戰火之中。離開前的晚上，「阿喵」約了李秀文出來，將即將離開的消息告訴了她。雖然李秀文很想跟他一同離開，但是舊時瑤族的「婚規」非常嚴格——「女孩不許嫁外族」。這一次的見面不異於生死離別的前奏，眼看彼此就要被硬生生分開，兩人都哭成了淚人。臨別時，似乎為了留下永恆的紀念，「阿喵」還把李秀文的手指、下巴咬出了一道深深的、至今仍然清晰可見的痕跡。離別的那天，李秀文送著心愛的戀人走了一程又一程，一直走到法國兵進來的風櫃口才止住了腳步。分別之後，李秀文還等著「阿喵」度過了漫長的4年時間。

　　比李秀文更為悲壯的，是那個叫阿娟的女孩，她懷了一名法國士兵的孩子。法國部隊離開不久，她就服斷腸草自殺了。聽人們說，在阿娟死後的幾天裡，村頭那幾棵大八角樹的葉子大多都枯萎凋謝了，當年的八角收成也大大地減少。

　　雖然言語不通，但愛情是沒有國界的，這些淒美的愛情或許已經化為十萬大山渾厚的土壤，或許已經融進清澈的溪水裡，任時間怎麼沖刷，歲月怎樣磨礪，都沖不淡、磨不滅它的痕跡。

神祕的中國「吉普賽」村

　　在中國甘肅省永登縣有個叫薛家灣的地方，薛家灣之所以得名，是因為清朝乾隆時期，這裡居住的都是薛姓人家。那裡的居民不擅耕種，祖祖輩輩以男人占卜算命、女人看手相為生。這樣的傳統和風俗習慣大多沿襲至今，頗似歐洲的吉普賽人，有人甚至懷疑他們是流徙到中國的吉普賽人。

　　薛家灣「吉普賽」部落是如何遷居到此的呢？相傳這裡最初的居民，是元朝時從波斯遷移而來的吉普賽人，波斯人稱他們為「羅哩」。羅哩於明朝進入西北地方，他們不會做生意，以算卦謀生。明王朝為他們劃撥土地，分發耕牛與籽種，讓他們學習種地。但羅哩不擅此道，將耕牛宰殺，籽種吃完後，仍以流浪為生。中國歷史文獻對其也有記載，《元史》曾記「大德文年九月，中書省臣言：羅哩等擾民，宜依例決遣置屯日」。《明史》亦載「明秦州（天水）有羅哩戶，漢人不與通婚姻，自相娶嫁。」

中國的「吉普賽」居民就過著這種占卜算卦流浪的日子，直到土地改革，薛家灣吉普賽人真正分到土地，才定居於薛家灣，形成了薛家灣吉普賽村落。薛家灣人的神祕，不僅僅在於他們長相與吉普賽人相似，還在於他們擁有獨特的占卜技術，村裡男女老少對占卜術都不陌生，成年人裡面有百分之八十的人都身手不凡。男女分工，各行其道：男人占卜算卦，女人專看手相。特別令人感到不解的是，這裡的男人擅長禳災解術，即解災，又稱鎮法。這項占卜技術絕不外傳他人，而是嚴格遵守著父傳子，母傳媳的規矩。因此，薛家灣人從不與外人通婚。

相傳薛家灣村落的建築結構和整體佈局，是根據諸葛亮的八陣圖排列設計的。凡是外來客只要一進村方位就分辨不清。令人不解的是只要你一走出村子，立刻就能分出東南西北。這也是薛家灣村落令人驚奇的地方。

當地人日常用語與漢語無二，但是他們還會使用一種特殊的隱語「紹句」。當有外人在場又需保守祕密時，薛家灣人才會使用這種語言。一些學者認為，「紹句」不是一種民族語言，而是職業隱語。如把炕叫「溫台」，把開水叫「滾輪子」，把首飾之類叫「托照什」等等，外人根本聽不懂。

甘肅的「羅馬軍團」

在中國甘肅省折來寨有一群長相怪異的人，儘管他們有一口標準的本地口音，並自稱為漢族，但是他們的長相卻與周圍村民迥然相異，他們頭髮多為淡黃色，有些還是藍眼珠或綠眼珠，鼻子則清一色又高又挺。

2003年5月，中國蘭州大學生命遺傳科學院的專家對該村進行了一次大範圍的檢測，對91名外貌「怪異」的村民全血樣進行DNA檢測，旨在弄清楚這些村民遺傳基因的發源地。蘭州大學最終在報告中指出，該村91名接受檢測村民的血統全部來源於中亞和西亞地區，也就是現在的阿富汗一帶。

2004年，當地村民羅英在北京中科院接受了血液化驗。羅英是折來寨居民中最「怪異」的，鷹鉤鼻，綠眼珠，一頭捲髮。根據化驗，他具有46%的歐洲血統，並進一步被認定為阿富汗血統。2005年，被當地人稱為「蔡羅馬」的當地村民蔡俊年前往上海進行了DNA檢測，這次

鑒定結果為56%的歐洲血統。

其實最早發現這些中國的異鄉人的是澳洲學者大衛‧哈里斯。1989年，他在《漢書》中意外發現了一個漢朝安置降俘的小地方「驪」，即今天的折來寨。

那麼這些有著歐洲血統的外族人，是因為什麼原因，又如何大批量地來到中國的呢？結合檢測結果，在大批專家學者的考證之下，終於找到了答案。

西元前70年，羅馬執政官克拉蘇決定組織一支龐大的軍隊，進攻安息，即今天的中東地區，繼續擴展羅馬帝國的版圖。他帶了7萬人的隊伍，於西元前60年出發。但渡過幼發拉底河時，隊伍損失過半。渡河之後，他決定就地雇傭士兵，充實力量，而他當時所徵集的士兵也就是今天的阿富汗人。就這樣，克拉蘇的軍隊成了雜牌軍，但戰術仍然是羅馬軍隊的。可是在進入安息後，遭遇了安息輕騎兵，羅馬軍團遭遇慘敗。

戰鬥中，一支1000多人的士兵成功突破了包圍，他們沒有目的地沿著河西走廊，走走停停。最終來到了中國甘肅省境內的一個地方，並在那裡安家落戶，以雇傭兵的形式繼續存在。

他們先是匈奴的雇傭兵，第一場戰鬥便遇到了當時的

漢朝軍隊，由中國一代軍事家陳湯率領的重騎兵部隊，而慘遭失敗。後來他們被漢朝俘虜，安置在了一個叫「驪」的小地方。

這些羅馬軍團後裔最後一次參加戰鬥並被記錄在史書中的是在《三國志》上，馬超帶領著當時改名為「西涼兵」的羅馬士兵後裔，與老謀深算的曹操展開了戰鬥，這次大獲全勝，終於讓羅馬軍團們揚眉吐氣了一次。

關於「驪」的記載至西元592年戛然而止。這一年，鑒於驪人已徹底被漢人同化，隋文帝下詔將驪縣併入番和縣，驪建縣628年之後，終於退出歷史舞臺。

現在，人們只能在基因突變中重新找到這些羅馬士兵的印記。目前縣裡特徵比較明顯的人只有60多位，有不明顯特徵的有200人，除他們之外，子孫後人的體貌特徵也已經跟漢人基本一樣了。

昏迷3週醒來的空中小姐

　　1972年1月26日，極端分子炸毀了前南斯拉夫一架正在飛行的客機。當時，極端分子將一枚炸彈藏在手提袋裡帶上了364航班客機，當客機載著28名乘客和機組人員在高空飛行時，炸彈突然爆炸，將客機機艙撕裂開來，飛機立刻從布拉格市地面塔臺的雷達螢幕上消失了。

　　人們趕緊開展救援工作，救援人員在積雪遍佈的山區地帶找到了七零八落的飛機殘骸。現場慘不忍睹，沒有人相信在那種情況下還有人能存活。後來驗屍發現，當爆炸發生後，大多數乘客都立即死亡了。因為迅速擴張的空氣，使人的肺部如同充了過量氣體的氣球炸裂。

　　救援人員在廢墟中發現了唯一一名倖存者——23歲的南斯拉夫航空公司的空姐維斯娜・烏洛維奇。

　　維斯娜非常幸運，由於離爆炸中心較遠，她被連人帶椅被爆炸氣浪推出了飛機，並從10155公尺高空以每小時200英里的速度摔向地面，最後重重落在了一個雪堆中，

失去了知覺。當救援人員發現她時，她仍然穿著空姐制服坐在她的航空座椅裡，不省人事。

她保住了性命，然而受了重傷：她的頭蓋骨被撞裂成兩半，三節脊椎骨粉碎，手腳也全部骨折。由於她的身體傷勢如此嚴重，一開始救援人員認為她已經死了。當地林務官布魯諾‧亨克第一個發現她仍有呼吸後，他意識到在醫務人員抵達前，不能擅自移動她的身體。於是他將維斯娜留在飛機殘骸中，並用東西裹住她的身體保暖。亨克的正確做法保住了維斯娜的性命。救援人員來到後將她拖出飛機殘骸，送往山下的醫院搶救。

維斯娜在醫院中昏迷了整整3週，她的腰部以下也癱瘓了。讓人驚訝的是，8個月後，她完全恢復了健康。

維斯娜生活在塞爾維亞首都貝爾格勒市。她曾是前南斯拉夫的一名模特兒和芭蕾舞舞者，1971年，她成功當上了南斯拉夫航空公司的空姐，沒想到8個月後，就遭遇了那起噩夢般的空難。維斯娜以每小時200英里的速度從高空墜向地面，墜落高度竟比珠穆朗瑪峰還要高，她卻奇蹟般地活了下來。這段經歷使她創造了高空墜地大難不死的世界紀錄以及不帶降落傘從高空自由落體最長距離的記錄。

35年來，維斯娜從來沒有向人們談論她的生死奇蹟，

直到日前，維斯娜才改變了主意。維斯娜說：「35年已經過去了，我認為應該到了說出所有真相的時候了。從那次災難後，我曾讀到過許多關於我的生還故事，大多數報導都說我掉進了一個雪堆裡，雪堆救了我的命，也許這是真的。一些報導卻說，我向當地人借了雪橇，自己滑雪下了山。但事實真相是，當我被人發現時，我已經昏迷不醒處於瀕死狀態，我絕對是一個活著的奇蹟。」

飛行病理學專家蒙尼克・維特博士說：「這個人之所以從上萬公尺的高空墜地仍能倖存，有幾個方面的因素共同造成這個奇蹟般的多米諾效應。首先，她遠離爆炸中心；第二，她被衝擊波從飛機內拋到大氣層中，迅速失去了意識，進而最大化地減低了大腦因缺氧而造成的傷害；第三，她掉在了積雪的山坡上；而最重要的是，她的身體是年輕和健康的。」

維斯娜說：「關於我為什麼倖存，一直有許多種不同的理論。但我更願意相信這是上帝的旨意。人們認為我能夠活下來真是太幸運了，但我當時和許多年後，卻不曾感到自己有多麼幸運，因為即使我活了下來，但其他人，包括我的朋友卻都遇難了，而這永遠都不能稱做是幸運。事實上，我對自己倖存下來的事實，總是感到很內疚。」

「貓眼」男孩

有個男孩長著一雙與眾不同的眼睛，他的瞳孔是藍色的，在燈光照的射下還能發出藍綠色的光芒。他就是中國廣西橫縣南鄉鎮大化村小學二年級的男孩農有穗。

農有穗性格活潑，喜歡和朋友們一起玩，從外形上粗略地看和其他小朋友沒有什麼不同。但是若是仔細的觀察他的眼睛，就會發現不同。他還有一種更為神奇的能力——在伸手不見五指的地方，他能夠清晰地看書寫字，就如同白晝一樣。村裡人都說這孩子長了一雙「貓眼」，從外觀、習性到能力，都和貓一模一樣！

農有穗的眼睛為什麼異於常人，能夠在黑暗中視物呢？其實，在農有穗剛出生2個月的時候，就有親戚覺得他的眼睛非同尋常，有時甚至會發光。後來父親帶他去縣城醫院做檢查，不過當時並沒有查出什麼情況，醫生僅僅說不要緊，等孩子長大以後，這個症狀慢慢就會好。

可是隨著農有穗一天天長大，他的眼睛卻沒有任何變

化，仍舊發藍，不過不疼也不癢，倒是沒什麼不舒適的表現，檢查視力也都正常，逐漸地家裡人也就不那麼在意了。

上學之後，農有穗的班主任老師漸漸發現了他的不同之處。假如是在室外，陽光稍微強一點，大家看東西都很正常，農有穗的眼睛卻會眯成一條線，視力模糊不清，也看不清周圍的東西。但是到了晚上，他的視力卻又變得出奇得好。晚上，農有穗跟同學們一起去捉蟋蟀，大家都帶著手電筒，只有他不帶，原因是不用電筒他也能看見。

為了弄清楚農有穗的這種夜視能力從何而來，在徵得家人同意後，專家們對他進行了專業檢測，最後發現，農有穗眼球虹膜上的色素細胞缺乏，因此他的瞳孔看上去呈藍色。西方白種人的藍眼睛只是虹膜色素細胞比較少，而農有穗的眼睛，不僅虹膜色素細胞缺乏，就連後面視網膜上的色素細胞都沒有。農有穗白天在室外感到光線刺眼，就是這個原因。而根據眼底圖像，專家確認，農有穗患有一種先天性的眼型白化病。

農有穗的神奇夜視能力，從原理上說，和貓等夜行性動物所具有的夜視能力非常相像。根據人們對貓等夜行性動物的研究，發現這些動物在黑暗中行動，其實也需要一些微量光線。牠們的特殊視網膜能把這些光線聚合起來，

提高光線的利用率，以增加夜視能力。只是，農有穗的特殊眼膜被醫生認為是一種先天性的遺傳缺陷。目前，醫學上並沒有效的治療方法，只有在強光下佩戴太陽鏡，才能避免直射光線的刺激。

　　不過，讓農有穗父親感到安慰的是，這種病對農有穗的成長發育似乎並沒有造成什麼不良影響。

同生共死的恩愛夫妻

在西方，人們結婚的時候都會宣誓與愛人生死與共，不離不棄；在東方，人們也經常會聽到「執子之手，與子偕老」的誓言，可是在真實的生活中，能夠做到同生共死的夫妻卻並不多見。然而在中國四川省綿陽市游仙區街子鄉二村，就有一對同生共死的夫妻，他們同年同月同日出生，又在同年同月同日病逝，在當地一度被傳為佳話。

這對老夫妻男的叫趙永發，女的叫常桂英。當自由戀愛的思想傳入農村之後，兩位小青年就在機遇巧合的情況下，相識並相戀了。相愛之後，趙永發便問起常桂英的生日，當她說出自己的生日後，趙永發驚喜不已，發現兩人都生於1904年3月24日，竟然是同年同月同日出生的。這也讓兩人更加珍惜這段緣份。當他們的愛情終於成熟後，兩人去登記結婚。工作人員對他們兩個竟然是同年同月同日出生，也感到十分驚奇。

兩人婚後70多年相濡以沫，夫妻恩愛，相敬如賓，從

未發生過爭吵。而且兩人的脾氣也非常好，他們對鄰居非常友好，只要鄰居有什麼需要幫忙的，絕對不會坐視不管。兩個人養育的三男二女都成材立業，孝順識理。

　　1997年6月3日，兩位老人同時生病，被送進了醫院。晚上8點過，老太太因搶救無效病逝。丈夫趙永發強忍著淚，對兒孫們吩咐了一些身後事以及他們死後合葬的事情之後，也於當晚11點溘然長逝。兩位老人享年94歲。村民都說，這兩位老人同年同月同日出生，又在同年同月同日去世，實在是一個愛情的奇蹟。

胳膊裡「種」出耳朵

大千世界，無奇不有。許多被人們認為不可能的事情，都有可能發生。一名19歲的中國小夥子居然在胳膊裡「種」活了耳朵，這件奇事是怎麼發生的呢？

這名小夥子叫文超，在他4歲的時候，家中養著一隻寵物北京狗。由於小狗性情溫順，孩子和狗成了形影不離的夥伴。一天深夜，父母睡得正熟，突然聽到兒子撕心裂肺的哭叫。打開燈，他們看見兒子滿臉鮮血，正捂著左耳朵大哭，再看那隻北京狗滿嘴是血。原來，在孩子熟睡時，他的耳朵竟然被狗咬掉了！

父母立即抱著孩子趕到了醫院。醫生說，斷耳如果找不到就無法接回去。父母趕緊回家發瘋似地滿屋子尋找，也沒找到耳朵。無奈，只能等孩子長大再說。

2007年，文超如其所願考入了大學。暑假，父母帶著他來到了瀋陽軍區總醫院整形科。

傳統耳朵再造方法是，先在耳後正常皮膚深面放置

「水囊」，學名叫皮膚擴張器。將皮膚進行擴張後得到額外的皮膚；再取自己的肋軟骨，經過醫生的手工雕刻做成耳支架，覆蓋皮膚完成耳再造。

可是醫生對文超檢查後發現，他的左臉發育明顯比右臉慢。左側下頜骨、顴骨都比右側小，臉也偏。耳前後的皮膚薄，尤其是耳後缺少正常的皮膚。

沒有耳郭，而且左側面部發育不良，臉部缺少皮肉，這該怎麼辦呢？經過研究，醫生決定採用一種最新的前臂皮瓣游離移植技術為患者治療，既再造耳朵也補皮肉：首先他們用患者的肋軟骨雕刻成了一個耳支架，將耳支架埋藏在他的左前臂上。等到前臂的血管長入耳朵後，再將前臂的皮膚連同預製的耳支架一同取下，透過顯微外科血管吻合技術，將這個人造耳朵移植到左面部正常位置。

文超終於能像正常人一樣擁有了兩隻耳朵，而其中一隻，居然就是這樣在胳膊裡「種」出來的！

三歲男童從 10樓墜下奇蹟生還

　　2009年7月，中國海南省海口市龍華二橫路發生了一件奇蹟般地事情：一名三歲多的小男孩不慎從10樓的窗戶翻落至一樓車棚鐵皮頂上，竟然奇蹟生還。

　　這名幸運的小男孩叫伍思傑。由於天氣熱，在家中和舅舅在一起的他自己去開窗戶，就在這時不幸突然發生了，他一不小心從窗戶摔了出去的。當時，社區物業公司的管理處主任正在大廈二樓辦公室上班，聽到巨大的響聲後，她以為是誰家往樓下丟垃圾，便朝窗外看去，可是眼前的情形把她嚇出了一身冷汗，只見一個滿身是血的小孩躺在車棚頂上！主任見狀趕緊通知一樓的保安到現場查看，自己則邊打電話邊往樓下跑。

　　送到醫院之後，經過醫生檢查，伍思傑僅僅左右前臂部分骨折，左下肺有輕微挫裂傷，神志清醒，生命跡象正常。讓醫護人員嘖嘖稱奇的是，思傑身上竟沒有一處致命傷。

　　從10樓掉下來的能有這樣的結果，已經算是不幸中的萬幸，但思傑還是住院觀察了一段時間，以免留下什麼後遺症。那麼，為何思傑從10樓墜下還能奇蹟生還呢？

　　原來，在9樓的窗戶防盜網頂部有一塊鐵皮，伍思傑跌落過程中曾摔到上面，因此大大緩衝了下墜的力道。另外，一樓的鐵皮棚也不像水泥地那樣堅硬，小孩摔在上面也得到了緩衝。

　　急救中心的醫生表示，與成人相比，思傑體積比較小、體重較輕，可以讓下墜速度不至於那麼快，這是思傑能奇蹟生還不可忽視的因素。

　　另外，貓和一些其它動物從高空下落時，都會在潛意識裡自己調整姿勢，減緩衝力，在落地的瞬間採取對自身保護最有利的動作，或許，人在某種時刻也會激發這種潛意識。

心肝脾胃
全長反的「鏡面人」

「鏡面人」又稱「鏡子人」，即心臟、肝臟、脾臟等的位置與正常人相反，心臟、脾臟在右邊，肝臟位於左邊，心、肝、脾的位置好像是正常臟器的鏡中像。「鏡面人」的出現機率微乎其微，但是在中國安徽省合肥市，就有一位40多歲的「鏡面人」。

最初，王先生並不知道自己「鏡面人」。有一次，他肚痛難忍，就到當地省醫院檢查，結果醫生在檢查中發現不僅他的心臟位置長反了，連身體的肝臟、胃、脾等器官的位置全都不正常。這時王先生才恍然大悟：以前體檢時，醫生在他的身體左側沒聽出心跳，反而在右側聽到了，當時就覺得自己和常人有點不太一樣。然而他身體一向很健康，所以就沒有太在意。這次檢查，讓王先生徹底明白了自己的症狀。

然而王先生也是第一次聽說有這種怪病，起初也被嚇了一大跳。醫生告訴他，這種心臟循環系統、消化系統等

全部長反的情況十分罕見，在醫學上稱之為「鏡面內臟器官」，也稱為「鏡面人」。由於只是內臟位置發生變化，內臟之間的相互關係並未改變。因此，對人的健康、生活都沒有影響。

儘管臟器長反不會影響健康，但也可能給患者帶來一些麻煩。所以，一旦覺得身體有所不適，就要和醫生及時說明自己反位的情況。因為，正常情況下，如果右下腹疼痛，醫生可能會懷疑患者的病是膽囊炎，但是對「鏡面人」來說，這個醫學常識就不靈了，如果按照常規判斷，極有可能發生誤診。

目前醫學上對「鏡面人」現象的成因還沒有形成科學的定論。有專家認為，「鏡面人」是在人體胚胎發育過程中，與父母體內基因的一個位點同時出現突變有關，其機率大約為十萬分之一。

「死亡」男嬰
被埋8天奇蹟復活

在中國貴州省仁懷市有一個十分離奇的故事，但卻又是真實的事件：一個已經被確認「死亡」的男嬰，在被埋葬8天後居然奇蹟般地生還了。

2002年8月29日中午，在貴州省仁懷市一家醫院裡誕生了一個男嬰。但產後第二天，醫生發現嬰兒面色鐵青、呼吸困難，經過搶救之後醫院向嬰兒的家屬下了病危通知書。此後這名男嬰繼續在這家醫院觀察治療了3天，便被家人接回了家中。

9月2日晚9點左右，家人發現嬰兒已經停止了呼吸，確認已經「死亡」。這個孩子是家裡的第一胎，家人自然悲痛欲絕，但是當晚11時左右，孩子的父親還是把他抱到城郊的一塊自留地裡掩埋了。

幾日後的一個上午，附近一個割草的村民恰好路過安葬男嬰的自留地，突然聽到土堆裡發出嬰兒的啼哭聲。起先，這位村民非常害怕並準備離開，可是啼哭聲卻越來越

大，他覺得事有蹊蹺，就趕忙叫來附近打工的農民將土堆輕輕刨開了。這一下，他們驚訝地發現土坑中居然有一個嬰兒在啼哭，他們小心翼翼地將還在啼哭的嬰兒從土坑裡抱了出來。

仔細檢查之後，大家發現除了嬰兒腦部頭皮有一點擦傷外，未發現其它異常現象。周圍有人認出了這是哪家的孩子，於是連忙打了電話給他們，告訴他們這件驚奇的事情：前幾天埋在自留地裡的嬰兒居然還活著！

聽到這個消息後，全家人驚訝萬分，簡直不敢相信。但他們還是立即跑到了現場，親眼看到了起死回生的孩子。在鄰居的幫助下，家屬立即將嬰兒送到了醫院進行搶救。

經過醫生的檢查，當時嬰兒的心臟跳動和呼吸基本正常，並沒有什麼特殊病症。在被掩埋了8天後，「死嬰」為何還能夠奇蹟復活，至今也沒人能夠解釋清楚。

171

皮膚仍完好的千年女屍

　　2002年7月7日下午4時多，在中國江蘇省連雲港西南城郊約7公里的通往海州石棚山風景區的花園路基建工地上，一名挖掘機司機在作業中挖出了一連串整齊厚實的豎條木板和一具完整棺木。至此，連雲港市雙龍漢墓被世人發現，並向世人揭開了它神祕的面紗。

　　該漢墓的一小部分除因施工遭受了輕度損壞外，其餘部分保存得相當完整。整個墓的結構為一穴兩槨四棺墓，南槨室內棺編為4號棺，北槨室內由南往北依次編為1號棺、2號棺（男主人「東公」棺）、3號棺，四具棺木均保存完好。

　　7月9日，在連雲港市博物館內，當工作人員撬開3號棺棺蓋時，一具古屍從棕褐色棺液裡仰面漂浮上來，這個現象讓博物館內頓時沸騰了起來。

　　屍體皮膚很細嫩，經專業人員鑒定，屍體為女性，身長158公分，年齡在50歲左右。其棺內的文物中，有一

枚邊長為1.3公分的青銅印章，印鈕是一隻栩栩如生的龜鈕，印章上清晰地刻著「凌惠平」，女屍的姓名確定無疑。在挖掘中共出土文物81件。這具古屍是繼中國湖南長沙馬王堆漢墓女屍、湖北荊州漢墓男屍之後發現的第三具漢代濕屍，這此類型的古屍極罕見，其科研價值、歷史和現實的意義極為突出。但這具千年古屍卻給後人留下了種種謎團，其中最令人關注的就是棺內女屍是怎樣完好地保存到現在的。

對這個問題，學術界還沒有既定的答案，只是一些感興趣的學者對其進行了推測。女屍的棺槨內有大量的特殊溶液，有人認為古屍不腐或許和棺內的溶液有關。但是連雲港市第一醫院用大型全自動生化分析儀對棺液樣本進行了分析，發現其PH值為7.55，呈弱鹼性，棺液中還含有血紅蛋白，與PH值為5.18的長沙馬王堆墓棺裡的酸性棺液完全是截然不同，而且這種鹼性棺液是適合細菌生存的。那麼女屍是如何在棺液保持不腐的呢？還有，這些液體是入殮時注入的，還是天長日久滲入的地下水？目前仍尚無定論。

也有人認為這可能跟墓葬的形制、周圍的環境和密閉條件有關。但是連雲港墓葬和馬王堆女屍墓葬相比卻簡陋

得多了。馬王堆女屍墓葬的規模宏大，棺內積液不多，在棺外的六面，還包圍著1萬多斤木炭，然後是成分為二氧化矽、三氧化二鋁、氧化鐵的白膏泥層，上面還有厚厚的堆土；可是連雲港墓葬槨板上只有一層白膏泥，並無木炭，不可避免地會受到土質的影響。女屍遺體能如此完好地保存2000多年，可以說是一個極為罕見的奇蹟。再者，同一個墓葬中，同樣的環境和密閉條件，其他3口棺內僅存零星遺骨，唯獨女屍能夠不腐，這使得雙龍漢墓的女屍之謎更加撲朔迷離。

冰棺男屍吐出透明泡泡

　　2006年8月7日，被醫生宣佈已經死亡8小時的一名中國男子，躺在冰棺裡，突然吐起透明泡沫來，又驚又喜的家屬立即撥打電話給醫院。醫護人員火速趕赴殯儀館進行搶救，但結果不幸地證明：他是「假活」。這到底是怎麼一回事呢？

　　死者是一位名叫劉明的重慶青年。8月7日上午，劉明突然覺得身體不舒服，之後便昏死過去。家人被嚇了一跳，立即將他送往醫院搶救。在搶救50分鐘後，被醫生宣佈死亡。

　　然而家人都覺得蹊蹺，因為劉明身體一向不錯，事發時也並沒有受到任何外傷。但是醫生初步診斷病人是腦出血導致死亡，具體死亡原因還需要透過驗屍來做進一步的檢測。

　　之後，劉明的遺體被送到了殯儀館。接下來，奇怪的事就發生了。當天下午，前去悼念的家屬隔著冰棺意外地

發現，躺在棺內的劉明口中不斷吐出透明的泡沫。那模樣看上去就像是在吐氣！見到這樣的情況，在場所有的人都嚇呆了，又驚又喜的家屬立即撥打了電話，希望醫生能馬上趕來搶救。

很快的，西郊醫院的急救車趕到了現場。醫務人員立即為冰棺中的劉明接上了心電圖等急救設備，並當著死者眾親友的面，對劉明再一次進行診斷。急救醫務人員前後忙碌了20分鐘左右，最後還是無奈地告訴劉明的家屬：他並沒活過來。一下子，好不容易燃起的一絲希望再次破滅，家屬們又陷入了悲痛中。

雖然復活的希望破滅了，但是家屬們對躺在冰棺中的劉明為什麼會突然張嘴吐泡泡仍感到十分不解。然而醫生解釋說，人在死亡以後，全身的肌肉都會逐漸鬆弛。在這個過程中，再加上殯儀館室溫相對較低，臟器內的氣體便會在壓強作用下向外衝，就會出現類似嘔吐或吐氣的「假活」現象。

能決定性別的「換花草」

　　在中國貴州省黔東南自治州的從江縣，海拔380公尺的都柳江沿岸四寨河口北上的山谷間，有一個叫占裡的侗族自然村落，土地面積大約為15.97平方公里，距離從江縣城僅20公里。

　　區區彈丸之地本是不足為奇的，然而在占裡侗寨，差不多98%的家庭的孩子均為一男一女，很少有雙男雙女的現象。這種神奇的現象背後隱藏著什麼祕密嗎？當地人稱，這是源於侗寨人使用的一種可以平衡胎兒性別的草藥——「換花草」。當女人生完第一個小孩後，倘若第一個孩子是男孩，那麼「換花草」就會讓她的第二胎懷上一個女孩；倘若是女孩，則第二胎就必定會懷個男孩。但是在整個侗寨占裡，並非每一個人都知道「換花草」的廬山面目，只有一人能有資格知道它，這個人被寨裡人稱為「藥師」，而且「藥師」通常都是傳女不傳男的。據有關文獻資料記載，這種現象是自占裡人遷來此地時開始的。

占裡的「藥師」所掌握的藥方不僅可以平衡胎兒的性別，讓女人順利地生產，還可以安全地避孕。占裡現在的「藥師」是一位名叫吳刷瑪的老人，已經有72歲的高齡。據說她所掌握的藥方可以讓孕婦只需在短短的15分鐘之內就順利地生產，而且目前尚無任何事故發生。「換花草」的神奇魔力不但為占裡人帶來了美滿幸福的生活，而且也間接地為土地和森林的承載力減輕了負荷，並最終維持了生態的平衡。有人不禁會問，如此神奇的「換花草」，它的配方究竟是怎樣的呢？對此，沒有多少人願意回答，也沒有多少人具體知道。大多占裡人只知道那是一種神奇的藥方，一種讓他們傳承了幾百年的平衡整個寨子人口性別的神奇花草。有人說，那是一種藤狀的植物，但根部卻不相同。

其實，「換花草」的現象可能會有兩種解釋：首先，那是占裡人智慧的結果；其次，那可能是占裡人對外解釋的一種說法。「換花草」的真偽沒有人可以做出判斷，但占裡人必定有他們獨特的節育技術來控制了人口和平衡生態。　作為侗族的部落之一，占裡人的婚姻也像其他侗寨一樣採取對歌、「行歌坐月」和跳蘆笙舞的方式來實現。然而，與眾不同的是，占裡人從不與外族人通婚，他們的

婚姻只是在本寨內部進行，也就是郎不外娶，女不外嫁式的「寨內兜外」式的內部婚姻：即同兜不能結婚，即使結婚，也必須三代以上，且絕對禁止姨表婚、姑表婚。所謂「兜」原是侗語，指的是按照血緣的親疏遠近結合而成的族內通婚集團組織。

不僅如此，占裡人還有良好的晚婚晚育政策。男子結婚年齡一般最大為26歲，最小為20歲；女子最大為27歲，最小為19歲。在其他地方或其他民族，普遍都認為結婚太晚是因為找不著女人而誤了婚齡，認為是一種抬不起頭的事情。而占裡人則恰恰相反，他們認為，誰結婚越晚，倒反而成了一種榮耀，也就因此而成了被仰慕的對象。

男女雙方結婚後，女方並不急於「落居夫家」。平時只是在農忙季節或是夫家遇上大的事情需要媳婦幫忙的時候，女方才在夫家作短暫的停留。只有在女的懷了孕或年紀大時，才會完全在夫家定居下來。

玉米地長出仙靈芝

　　一天早晨，中國山東省煙臺市朱家莊社區的朱日田老先生到自家玉米田裡採收玉米。收著收著，他突然發現了一個很奇怪的東西，乍一看，它不像是玉米，倒是像個大蘑菇。朱老先生拿到手上認真仔細一瞧，居然是靈芝！這靈芝顏色橘紅，直徑大約有六、七公分。

　　於是，朱老先生就將它小心翼翼地用兩片茭瓜葉子包裹了起來。可是令人驚奇的是，沒過幾天，朱老先生又到田裡去看，發現靈芝居然長大了，由原來的六、七公分一下子長到了十二、三公分高，直徑也達到了十公分左右，顏色也變得更加鮮豔。與此同時，朱老先生還發現，在靠近它不到20公分的地方，有一棵老櫻桃的大樹根，這段樹根已經枯爛了。

　　為什麼玉米地裡竟然能長出仙靈芝？植物學家知道後，來到現場進行了觀察，並得出了結論。天然野生靈芝為多孔菌科植物，所有的菌類都對生長環境中的空氣溫、

濕度有著很苛刻的要求，離開了它的原生環境，菌類就會
很難成活。要想讓它成活就需要有載體，旁邊這棵枯樹根
就是它的載體，靈芝的根應該與地下老樹根的朽木連接在
一起。該菌有可能是透過人或動物無意中從周圍的山上傳
過來的，然後附著到了朽木上，因下雨或颱風又把它沖到
了旁邊而生長。

一夜開花八百朵的百歲曇花

人們向來以「曇花一現」來形容可遇不可求的美好事物，這也說明了盛開的曇花是多麼難得。但更難得的，恐怕是出現在中國福建省的一株百歲曇花了！

在福建省南安市霞美鎮四黃村，有一個叫黃哲南的人，家裡養著一株神奇的曇花。黃哲南的祖父是位中醫。為了給人治病，1911年他從臺灣帶回來一株小曇花，並將它種在祖屋的天井邊上。黃老先生在世時經常把曬乾的曇花分送給親戚好友。他還交代過家人，這棵曇花要一代一代養下去。所以後來即使黃家人搬家時，也會帶著這株曇花。

如今，這棵曇花由黃哲南的母親照看，她遵照公公的囑託，每天澆花兩次，不時施點肥，把曇花照料得很好。曇花已經有百歲高齡，長勢繁茂，爬滿了一堵矮牆，開花時，一簇簇的曇花會妝扮成一堵綺麗的花牆，滿園子都是誘人的花香。

　　令人稱奇的是，這棵百歲曇花，竟然曾在一夜之間開出800多朵花！據說這棵曇花通常都只開100多朵，一般在晚上9點後盛開，持續三、四個小時就凋謝了。但是有一年卻一下子開了800多朵，非常罕見，街坊鄰居爭相前來觀賞。黃哲坤說：「老人們常說，看到曇花盛開的人都是有福氣的人，不知道這800多朵曇花會帶來怎樣的福氣呢！」

神奇的「仙閣淩空」

「仙閣淩空」是一種神奇的自然奇觀，已多年未現人間。然而最近，在素有「人間仙境」之稱的山東省蓬萊閣，很多遊客都親眼目睹了這一現象，身臨仙境地感受到了活神仙般的感覺。

那天，蓬萊的天氣狀況非常好，天藍海碧，能見度很高，但仍伴有初春的絲絲涼意。從下午四點開始，海上逐漸升起了一層海霧，大霧越來越濃，越來越厚，漸漸彌漫在整個海面上，將原本清晰的大海慢慢包裹起來，整個海面柔霧彌漫，並不斷徐徐升騰。放眼望去，如同天宮浮雲，給人飄飄蕩蕩之感。

大約到了下午四點四十分左右，由於沒有大風，海霧開始慢慢上升，在白色海霧包裹的海平面上形成另一層平流霧，並逐步擴大，將整個蓬萊閣古建築群包裹起來，一會兒功夫蓬萊閣就隱沒在突如其來的仙霧之中，隨著輕拂的微風若隱若現。到了下午六點，隨著天色漸晚，海霧漸

漸消散，一切才又恢復了平常。

　　這一神奇的景象引起了在田橫山景區遊覽觀光的遊客們的注意，大家紛紛在這難得一見的景象前合影留念。有的遊客看到這一奇觀興奮不已，隨口大聲吟唱蘇軾當年看到海市蜃樓時所詠詞句：「東方雲海空複空，群仙出沒空明中。」「仙閣淩空」的罕見自然奇觀，同時也吸引了大批電視工作者、記者和攝影愛好者。

　　其實，像這種出現時間如此之長，海霧如此之大，蓬萊閣及整個海面景物變化如此多樣豐富的奇觀，已多年不曾顯現。

神祕蒼蠅偷襲人眼能致命

中國地質科學研究員們，曾經隨烏蘇地質大隊進入新疆艾比湖東面的一個礦區進行考察。當晚在戈壁灘上露宿時，一名隊員突然大聲叫道：「不好了，有蟲子在我的眼睛裡撒東西了！」在當地人的幫助下，這名隊員眼中的雜物才被清除掉了。可是究竟是什麼蟲子會在人的眼睛裡撒東西呢？在和當地人交流後研究員得知，這樣的事在當地並不少見。這是一種能夠在羊的鼻子和眼睛裡瞬間產卵的蒼蠅，而撒在人眼裡的白色小蟲，就是這種蒼蠅的幼蟲。

通常傷者的病情都會表現為眼內有異物感，眼部充血嚴重。如果不及時將這些蟲清除掉，情況會變得十分危險，因為這些小蟲就會依賴人眼中的水分生長，讓人在極度的痛苦中死亡。特別是一些獨自在外面玩耍的孩子，一旦遭遇這種情況往往不夠重視，等家長發現的時候，病情往往已經很嚴重了。

能在人的眼睛內瞬間產卵的蒼蠅有兩種，分別是羊狂

蠅和紫鼻狂蠅,其中紫鼻狂蠅在中國的分佈範圍比較小,僅在內蒙古、新疆和西藏阿裡地區有見。而羊狂蠅則分佈非常廣泛,在新疆、內蒙古、青海、甘肅、河北、遼寧、山西、陝西、廣東和山東10個省市和自治區都曾被發現。

狂蠅傷人的事件在牧區經常發生,每年夏天的七、八月份是狂蠅的孵化期,也是傷人的高峰時期。狂蠅卵會在狂蠅體內孵化成幼蟲,而準備產幼蟲的雌狂蠅在這個時期會經常圍繞在寄主的周圍,伺機將幾十隻幼蟲瞬間排出體外,撒到寄主的眼睛或者鼻子裡。雌蠅每次會產幼蟲30到40個,每頭雌蠅在數日內能產600隻幼蟲。

剛產下的幼蟲活動能力很強,會爬入羊的鼻腔內並固定於鼻黏膜上,隨著生長向鼻腔深處爬動,達到鼻腔、額竇、鼻竇或顱腔內。一旦狂蠅在人的眼睛中產下幼蟲,數量雖然不多,但如果不及時治療,這些小蟲會侵入人的大腦神經中,造成嚴重的後果。被狂蠅感染的羊,體質會明顯下降、流膿性鼻液、打噴嚏、呼吸困難、消瘦甚至死亡。在羊打噴嚏的時候,噴出的狂蠅幼蟲又會感染到其它的羊。而眼睛內進入幼蟲的羊,通常都會痛苦地在地上打滾、情緒不安、不停地搖頭、奔跑、不吃不喝直到死亡。

若是牧民們遇到這樣的情況,通常就會將感染的羊的

屍體聚集在一起焚燒，或者噴灑滅蟲劑，但是效果並不明顯，這對牧民造成了很大的損失。中國科學院動物研究所教授說，狂蠅傷人，危害牲畜的事情一直都存在，而且歷史上也有相關的資料記載。但是這種情況往往比較分散，大部分傷人事件都發生在邊遠的牧區，而且有關狂蠅的案例研究在中國非常少，僅在幾本研究蠅類的專著中有過簡單的介紹。由於難以集中進行研究，狂蠅標本的採集就更加困難，所以長期以來科研人員的研究重點都在城市常見蠅類上，對狂蠅的研究還是空白。

　　研究上的空白，導致許多醫院多數對此不甚瞭解。比如最近山東的一些醫院就陸續接診了一些眼睛內被撒蟲的患者，由於這種病例醫院接觸的非常少，醫生在處理時，只能根據以往的經驗在顯微鏡下用鑷子將寄生蟲取出，再用抗生素將眼睛沖洗乾淨，因此很容易誤診延誤病情。也因為此，有時候研究人員所掌握的資料還不及牧區防疫站的醫生多。而除了能夠在人的眼睛中產卵的狂蠅以外，他們甚至聽說過牧區有一種「胃蠅」，能夠趁人在開口說話的時候直接將卵撒到人的胃中，被感染的人肚子疼痛難忍，痛苦不堪。對於這種更為少見的蠅類，研究者和醫生還束手無策。

神祕的千年古崖居

　　在中國湖北省當陽市西北方向，當陽市與遠安市交界處，有一處典型的丹霞地貌風景區，名叫百寶寨。百寶寨旅遊區方圓數百里，山巒岩石獨特，風光秀麗，森林植被廣袤，古蹟勝景淵藪，當陽境內兩大河流——沮水河、漳河流經其間，地理位置十分獨特。當年，湖邊武漢大學的專家們在開發百寶寨景區時，發現了許多鑿在峭壁半腰的奇特岩屋。這些岩屋散佈在50公里長的臨河沿岸，有單個，有的三個或五個成一組，有的則數十個連成一氣，分成兩層、三層甚至五層閣樓。單間一般12至20平方公尺，內高約2公尺至2.5公尺。百寶寨最著名的岩屋群有百家岩屋、傅家岩屋、朱家岩屋、洪家岩屋和鷺鷥寨岩屋。

　　傅家岩屋是目前唯一開放的一處岩屋群，位於傅家衝口的青龍湖畔。傅家岩屋鑿於紅砂岩岩質的絕壁半腰，共有兩排共15間，上六下九，每間一個洞口，洞壁厚70公分，高1.6公尺，寬80公分，洞口離水面5公尺至8公尺，

要攀進洞十分不易。15間石屋中有3間密室，其餘洞洞連通。洞內寬敞，乾燥明亮，一些洞中還鑿有石井、石池、石床、石廁、石窯、石天窗。在上層第四間岩屋內，依石壁鑿成石灶，有門有膛，灶膛內有煙熏痕跡，灶門上門鑿有出煙孔，十分精巧。在一些洞內東西石壁上，都鑿有對應的孔，一邊圓洞，一邊為斜長洞，便於安裝木樑木枋。上擱木板，既可睡覺又可放置東西，增加空間的利用率。

百寶寨沮河古崖居是中國十分罕見的大型古崖居群，目前已探明的古岩屋達1700多個，多分佈在青龍湖（沮河）臨水的峭壁上，洞連洞、洞疊洞，數十個一群，成群成片，蔚如奇觀！這些古崖居究竟何時、由何人、因何故、用何物鑿成，如此浩大工程竟無半點文字記載，僅僅只是代代口傳懸謎，令人撲朔迷離。

相傳崖居是春秋戰國時代的鬼谷子師生相授而鑿；又有人說這是關羽大將軍為撤軍荊州、退入西蜀，據此鑿窟屯兵等等。不管如何，從傳說的角度來說，古崖居距今至少有1700年的歷史。此後，又有人在百寶寨發現了東漢末綠林軍的大型古兵寨，寨牆、寨舍、寨洞、寨旗、寨庫等等，令人讚歎不已！相傳古人在百寶寨的藏寶窟見其山但難覓其洞，使古今多少尋寶人抱憾而歸！

神奇的天然「太極圖」

在中國四川省南部縣店埡鄉紅莊村有一個由水塘、山包和山石構成的巨型天然造型，就像一張巨大的「太極圖」，令人稱奇。

當人站在紅莊村三組海拔約600公尺的大山向下俯視時，就可以看見這幅巨大「太極圖」：山腳下有一個渾圓的水塘，水塘裡有一座呈「S」形的小山包，小山包兩端像豆芽一樣蜿蜒伸進水塘裡，並且凸顯出兩塊巨大的山石，它們與水塘、小山包很自然地形成了一幅巨型「太極圖」。

這個天然「太極圖」占地面積約100畝，沒有任何人工創作的痕跡，是天然形成的。它位於升鐘水庫的尾水地段，上游部分有兩處水源，源源不斷地注入水塘內，水塘內的水經過「S」形的小山包迴旋之後再注入升鐘水庫。

這樣神奇的天然「太極圖」是怎樣形成的呢？原來是水庫上游兩處水源的流入形成的。流入水塘裡的水來自上

游的兩條小溪，其中一條小溪發源於上游劍閣縣的陳家溝和張家溝，一條發源於上游南部縣桐坪鄉東風村。這兩條小溪的溪水終年不絕地流淌進水塘裡，它們的力量相互衝擊、相互轉化、相互抵消、相互獨立。在常年的衝擊碰撞之後，這裡就很自然地演變成如今的「太極圖」了。

中國古代也有「可樂」

在中國人看來，「可樂」似乎是一種舶來品，但有關人員卻研究發現中國古代就已經有了類似「可樂」的飲料。

這種飲料產生的時間最早可以追溯到唐代時期，比美國人發明的可口可樂早了一千多年。古人稱之為「訶子湯」，是用訶子水煎製而成，製作方法與美國人發明的「可樂」相似。

訶子，又稱為訶黎勒，或者藏青果，形狀就好似橄欖，熟透時呈黑色。訶子原產於波斯，當地人用它來釀酒。到漢代的時候，張騫通西域，開闢了陸上絲綢之路，大量新奇的西域貨物傳入中國，訶子樹就是在那個時候沿著絲綢之路傳入中國的。

在中國，訶子樹多栽種於雲南西部和廣東南部。唐代鑒真和尚東渡扶桑的時候，就曾在廣州大雲寺見到了數株訶子樹。

　　最初，廣州大雲寺的僧人用訶子煎湯飲用。不久之後，這種湯就成了唐代流行的飲料，大受人們的歡迎。有相關文獻記載：當時廣州每年須向朝廷進貢訶子，以供製作訶子湯，「士大夫爭相飲之」。但是遺憾的是，到了宋代，訶子湯的製作方法便失傳了，因此它也從人們的記憶中逐漸被淡忘了。

　　如果訶子湯的製作方法能夠一直流傳下來，那麼也許今天所流行的就不再是美國的「可樂」，而是中國的「訶子湯」了。

PART 5
穿越異域魔境
的神祕地帶

AMAZING! THE WORLD IS FULL OF SURPRISE

朦朧中的「佛燈」

　　盧山三大疑案之一的「佛燈」，千百年來，一直懸掛在人們的心頭。佛燈，又稱聖燈、神燈。《盧山志》記載，早在1000多年前就有人發現了這種神異的靈光。但是那時只能將這種現象傳為一種神話。而且，因為佛燈最早出現在天池山文殊台下，因此古人便以為是文殊菩薩的化現之光。

　　南宋時，天池山上建有天池寺，詩人周必大遊山時來寺住宿。當天晚上，他便在山上看到半山腰間如繁星閃爍著許多火光，忽明忽暗，飄忽不定。他隨即便將這一難得一見的景象記述下來，說那燈火「閃爍合離，或在江南，或在近嶺，高者天半，低者掠地」。「天池佛燈」從此有了正式記載。500多年前的明代學者王守仁在天池寺留宿時同樣看到了佛燈，並寫下了著名的《文殊台夜觀佛燈》一詩，詩云：「老夫高臥文殊台，柱杖夜撞青天開，撒落星辰滿平野，山僧盡道佛燈來。」

　　無論是周必大還是王守仁，抑或其他人，都沒有也無法對佛燈的來歷作出合理的解釋。與周必大同時代的朱熹對此懷疑是「地氣之盛」。而另一位學進王廷珪則認為是「唐會昌中，二僧藏金像於錦繡谷騰溢而出之祥光」。但是這些解釋都顯得神乎其神，難以令人信服。

　　近代出現了較為接近科學的說法，指出這種火光為夜間山谷中的磷火。但是1930年天池寺主持高慧見到的又與磷火有所不同。他在大雷雨過後看到似乎有數百支巨大的電光由岩底直往上升，通明的電光照在室內地下，還可以撿到針和芥菜子。

　　1981年底，一位飛行員，提出佛燈是「雲層對星光的反射」所致。因為他經常在無月的夜間飛行，飛機在雲上就可以看到天上地下好像都有許多是星星。

　　多年專門從事氣象學研究人員贊成這種新觀點，還從理論上對此作了闡述：「廬山雲海對光線的反射率為20％－78％（100公尺－500公尺厚層積雲），天空中一等星星光經反射後變成了二等星或三等星，二等星變三等或四等星，其餘類推。平時人的肉眼能看到的顆數與雲層的大小，位置和運動有關，多則幾百顆，少則幾十甚至幾顆。而且雲層在運動，被它反射的星光也在動，造成忽明

忽暗，時聚時散，神祕莫測。」依據這種特點，研究人員認為佛燈的現象，一般是在無月的條件下才會產生。

這些見解雖然不無道理，但佛燈形成與其它自然因素的必然聯繫，似乎還未完全解釋清楚。比如，形同天池山的地理環境與自然條件在廬山比比皆是，無月的夜晚在廬山比平地多得多，然而佛燈卻極少出現，許多生活在廬山一輩子的人也無緣得見，是否除天池山一地，偌大個廬山就都「地氣不盛」呢？又如1000多年來，為什麼只有「天池佛燈」的傳說和記載？

可見，人們對「佛燈」的認識依然是朦朧的、神祕的。儘管近年來在科學研究上已經得到了一些認識上的突破，但仍無翔實的論證材料足以說明佛燈的來源。「天池佛燈」這個千古之謎，依然等待人們去揭曉。

中國「魔鬼谷」

　　位於新疆、青海交界處的巍巍崑崙山區，有一條神祕而恐怖的山谷——那棱格勒河中上游的魔鬼谷。

　　魔鬼谷西起若羌境內的沙山，東到青海省內的布倫台，全長100公里，寬約30公里，海拔3000公尺。谷地南有崑崙山主脊高聳入雲，北有祁連山阻隔著柴達木盆地。夏天，百花齊放，蜂蝶飛舞；秋天，美麗的金山草原上遊蕩著成群結隊的野犛牛、野驢、藏羚羊、黃羊；冬夜，山川大地銀裝素裹，玉樹瓊枝，寒星閃爍，明月如盤。一年四季無不充滿詩情畫意。但是，誰能料到，這空曠而靜謐的美麗山谷呈現的不過是暫時的安寧。因為眨眼之間就可能變天：烏雲翻滾、電閃雷鳴、天昏地暗、飛沙走石；導致樹木橫飛、草木燒焦、牲畜斃命。谷中處處可見動物骨骸、獵人的槍和淘金者的屍體，令人不寒而慄！

　　當地更流傳著一些駭人聽聞的故事。有人說，山谷中居住著一群食人的魔鬼。有人說，山谷中隱匿著一些力大

無窮的食人怪獸。於是，那裡漸漸成了人們不敢涉足的禁區。有時膽大的或迷路的牧民進入谷中，也大多一去不復返，而這更增添了魔鬼谷的恐怖和神祕之感。

多少年來，這個地方有兩個謎團一直無法解開：一是山谷的牧草為什麼出奇的繁茂？二是如此美麗的牧場為什麼成為了群牛和畜群的墳場？

考察隊測定後發現，這裡的磁場強度非常高。這裡的地層，除了分佈著大面積的三疊紀火山噴發的強磁性玄武岩外，還有大大小小30多個磁鐵礦脈及石英閃長岩體。正是這些岩體和磁鐵礦產生了強大的地磁異常帶。

夏季，它使因崑崙山的阻擋而沿山谷東西分佈的雷、雨、雲中的電荷常常在此匯集，形成超強磁場。一旦遇到異物，便會發生尖端放電即產生雷擊現象，使人和畜瞬間死亡。巨大的磁力還導致了指南針失靈，儀器不準。

考察隊還探明了造成另一奇異現象的成因，那就是為什麼有時找不到死去的人和動物的屍骨。原來，這裡是中國多年凍土層的分佈區之一。凍土層的厚度高達數百公尺，形成一個巨大的地下固體冰庫。夏季，近地表的上層凍土融化，形成地下潛水和暗河，只是地表面常為嫩綠青草所掩蓋，因此不容易被人們發現。一旦人畜誤入，而草

叢下的地面塌陷，地下的暗河就會很快把人畜拉入無底深淵，甚至使其隨水漂流遠方，所以才會造成找不到屍首的情況。

那棱格勒魔鬼谷雷暴頻繁，夏季雷暴日多達50多天，是崑崙山中其他地區的6倍。每當雷電風雨交加的時候，雷電在殺害那些在谷地中啃吃牧草的野犛牛等牲畜同時，也給谷地的土壤帶來了豐富的天然化肥。因為空氣中的氮是一種惰性氣體，它在常溫下不易與氧結合；但是一旦碰上雷電等高溫條件，它就與氧化合成二氧化氮天然化肥。可見，雷電造成了谷地的牧草的異常茂盛，吸引著牲畜來此就餐，然後又親手殺死了牠們。大自然的矛盾循環，生生相息，往往在超出人類理解的平衡之中發展。

鄱陽湖的「魔鬼三角」

中國的鄱陽湖，碧波蕩漾，水天相連，渺無際涯，這片美麗富饒的湖水養育了世代居息的湖邊人，但誰能想到，它也製造了一起起船毀人亡的悲劇呢？

60年代初，一條漁船從松門山出發北去老爺廟，但是船行不遠便倏然沉入湖底，消失在岸上送行的老百姓的目光中。

1985年3月15日，淩晨六時半，一艘載重二十五噸，編號「饒機41838號」的船舶沉沒於老爺廟以南三公里處的濁浪中。

1985年8月3日，江西進賢縣航運公司的兩艘各為二十噸的船隻，在老爺廟水域葬身湖底。同日同在此處遭此厄運的還有另外十二條船隻！同年9月，一艘來自安徽省的運載竹木的機動船在老爺廟以北附近突然鳴笛熄船。岸上的行人親眼目睹船手們抱著竹木狂呼救命，逃到岸上後一個個嚇得魂不附體，再也不敢回頭望濁浪翻滾的湖面。這

一年在老爺廟水域沉沒的船隻多達二十多艘！

　　1986年3月15日，江西省豐城縣小港鄉編號為「豐機29356號」，載重量為二十噸的機動船，在老爺廟水域航行。突然，狂風驟起，波浪騰卷，頃刻間，大船掙扎著沉入湖底。1988年，又有數十條船隻在此水域沉沒。

　　經過多次測算、反復查閱沉船事故記錄後，考察隊發現老爺廟沉船事故多發生在每年春天的三、四月。這一時期，無論是白天還是夜晚，過往的船隻常常面臨著被巨浪吞沒的危險。而且奇怪的是，出事的當天，往往或晴空麗日，藍天白雲，或明月當空、繁星點點。而在陰雨天卻從未發生沉船事件。考察隊員們對此百思不得其解，這似乎成了謎中謎。

　　考察隊根據當地史料的記載和民間流傳的傳說故事，得知落星山和隔岸遙遙相望的是星山，同是二千多年前一顆碩大的流星墜毀於此而形成的。另外，考察隊員們還注意到，七十年代中期，在鄱陽湖西部地區，曾有人目睹了一塊呈圓盤狀的發光體在天空遊動，時間長達八、九分鐘之久。當地曾將這個情況報告有關部門，但是有關部門並未能夠作出建設性的解釋。所以有人猜測，是因為「飛碟」降臨了老爺廟水域，像幽靈在湖底運動才導致沉船不

斷。但是這一猜測顯然缺乏科學依據。

　　考察隊在對老爺廟進行精確測量後，意外地發現，老爺廟的建築正好處在落星山的東西線的上下正中，三角形廟體的三個直角和平面錐相等，且絲毫不差。這使得人們無論站在哪個方向都始終與老爺廟面對面。而經過科學的調查，考察隊終於發現製造大風的「罪魁禍首」竟然是風景秀麗的盧山！

　　老爺廟水域最寬處為15公里，最窄處僅有3公里。而這3公里的水面正是在老爺店附近。在這條全長24公里水域的西北面，傲然聳立著的正是「奇秀甲天下」的盧山。盧山海拔1400多公尺，離都陽湖平均距離僅五公里，其走向與老爺廟北部的湖口水道平行。

　　就如同人們在空曠的地帶沒有感覺，而經過一狹窄的小巷頓感風陣陣吹來一樣，「狹管效應」能夠加快風速。盧山東南峰巒正是為風速加快提供了天然條件。當氣流自北面南下時，即刮起北風時，盧山的東南面峰巒使氣流受到壓縮。按照流體力學原理，氣流由此開始加速，當湧向僅寬約3公里的老爺廟處時，風速達到了最大值，產生了怒吼的狂風。有風方才有浪。波浪的衝擊力是強大的。都陽湖水面刮六級大風時，即波浪在大風日高達2公尺。而

此時每平方公尺的船體將遭到六噸衝壓力的衝擊。這就是說，一艘載重量20噸的船舶，其船側面積按20平方公尺計算，那麼波浪對其的衝擊力將達到120噸，超出船重量的五倍。正是大風狂浪使這塊神祕水域沉船頻繁，據調查顯示，船舶沉沒，大多數都是風起浪激作用的結果。近幾年間，每年均有十多條船由此沉沒或被浪擊毀。其中，風浪最為肆虐的事故多發地點在一塊呈三角形狀的大水面上，約占整個水域面積的百分之七十左右。

老爺廟水域的「魔三角」之謎似乎就此已經基本上解開了。但是否果真如此，因無人去觀測這其中所涉及的水域底部地形地貌等，所以仍需要今後進一步的探究。

專「吃」兒童的森林

在美國加利福尼亞州，有一片神祕的安琪兒森林。

幾年間，那裡莫名其妙地失蹤了很多人，而且全是八、九歲的兒童，更不可思議的是，他們都是在距離周圍的人數公尺範圍內，無聲無息就消失不見了，而事後又找不到任何線索。因此，該森林被叫做「拐孩林」。

最早的一起兒童失蹤案，發生在1957年3月的早晨。當時8歲的湯姆鮑曼和他的父親，姐姐及兩位堂兄在林間散步，湯姆僅僅是往前多走了幾步，就再也未露面。聞訊而來的員警和400名志願搜索者苦苦尋找，但半點蛛絲馬跡都沒有。湯姆到底在哪裡呢？

此事發生了7個月之後，名叫貝克和黑威爾的兩名兒童也在這附近莫名其妙地失蹤了。到了1960年7月，又有一個名叫克洛曼的八歲男孩突然失蹤在林間。這幾個案例令人迷惑不解而又心懷恐懼。是暴力狂的暗算，還是其他原因呢？這些都需要人們做進一步的調查。

矽谷中的「鬼屋」

說起矽谷，想必誰都不會覺得陌生。這個全世界資訊技術最發達的地方充滿了理性和科學的氣息，但令人難以置信的是在這個地方卻有一座「鬼屋」。

加州矽谷280號公路旁有一片豪宅，從外面看起來，這是一棟是維多利亞式的漂亮建築，英文名稱為Winchester Mystery House。這座建築物高達七層，有160個房間，並不像是生存著厲鬼的荒宅。

事實上，這棟建築物的房間結構怪異，通往主人臥室的樓道異常狹窄，只有身材瘦小並且在134公分以下的人才能進得去；還有一些房間，人進門了要麼就看見一面牆壁，要麼就直接落在花園裡，顯得非常陰森，詭祕異常。女主人溫徹斯特夫人迷信，對數字13非常著迷，因此屋裡很多東西都是13個：第13個廁所有13面窗戶，原本有12盞煤氣燈的吊燈她又加了一個枝，非得掛上13盞燈不可，就連廚房水池裡的篩子都造做成13個。她的遺囑也有13段，

並簽了13次名。

　　溫徹斯特夫人正是這棟建築的修建者。她的女兒夭折，丈夫早亡，她把這一切歸罪於讓他們家富裕起來的來福槍——那些賣出去的槍枝沾染了太多人的鮮血，所以她害怕死在那些槍下的人會來找她索命，於是就修建這棟建築來躲避「鬼魂」。

神祕莫測的科羅拉多大峽谷

　　有人說，在太空唯一可用肉眼看到的自然景觀就是科羅拉多大峽谷。這個大峽谷位於美國亞利桑那州西北部科羅拉多河中游、科羅拉多高原的西南部，是地球上最為壯麗的景色之一。

　　科羅拉多大峽谷是世界上最長的峽谷之一，起於馬布林峽谷，終端為格蘭德瓦什崖，全長446公里。峽谷頂寬6至28公里，最深處1800公尺，谷底兩岸的寬則小於1公里，窄處僅120公尺，從谷頂到谷底需3至4小時。兩側的谷壁呈階梯狀，山石多為紅色。谷底水面不足1000公尺寬，夏季冰雪融水，流下之後水深增至18公尺。從谷底至頂部沿壁露出從前寒武紀到新生代各期的系列岩系，水準層次清晰，岩層色調各異，並含有各地質時期代表性的生物化石，故有「活的地質史教科書」之稱。

　　1933年，3位修路工人在峽谷裡一個偏遠的洞穴中發現了3個動物雕像。每個小雕像高度不到一尺，都用整根

柳枝製成，彷彿是有人故意放在這個荒無人跡的洞穴裡的寶藏。此後，又有500多個這樣的小雕像陸續地被發現。它們大小不一，最小的不到3公分，大的超過30公分，但都是用完全一致的方法製作而成。它們都以柳枝為材料，先將其縱向劈開，只留一端相連，然後經過一番巧妙的折疊纏繞，一個個栩栩如生的動物雕像就此形成了，或是一隻鹿，或是一隻羊，而這些動物都是印第安人重要的食物來源。

經年代測定，這些雕像的創作時間位於西元前2900年到西元前1250年之間，它們是在大峽谷中發現的最古老的文物。

這些小雕像都是在石灰石岩洞裡發現的，通常被放在洞穴的平坦的石頭底下或小石塚下。石灰岩是大峽谷中最難攀登的地質層，其陡峭的懸崖峭壁既無手扶之處，也無立足之地。有些洞穴極難攀登，即使現代的攀岩者也必須借助專業攀岩工具才能到達。沒有證據能夠顯示古印第安人在這些洞穴裡生活過，而且也一直沒有發現附近有人類活動的遺跡，更沒人知道當時的人們為什麼要製作這些雕像，現在只能假設這些雕像可能與打獵活動相關。

在大峽谷國家公園博物館收藏的小雕像中，有的用枝

條象徵著長矛和標槍插入羊或鹿的身體裡。歷史學家認為這是宗教儀式中使用的一種「神物」，是為了增強獵手的勇氣和技能。

大峽谷的祕密不僅限於史前時代，今天生活在大峽谷中的哈瓦蘇帕人的生活也同樣充滿了神祕。「哈瓦蘇帕」在當地語言中的意思是「蔚藍水邊的居民」。他們生活在大峽谷底的哈瓦蘇溪谷中，一條古老的小路蜿蜒而下，跨越了4種不同的地質層，在一片紅色的沙土之外漸顯寬闊，眼前就呈現出了古老的蘇帕村。這就是美國西部最具田園詩意的天然綠洲。

哈瓦蘇帕人最早與歐洲人接觸是在1776年，那時他們早已學會了如何適應這裡不同尋常的氣候狀況。春夏和初秋之際，他們在峽谷裡，耕種收割；到了冬天，他們就返回兩邊的高地上，在海拔2000公尺的地方過著狩獵的生活。如果逆流而上，幾公里處就是大峽谷中流量最大的一股泉水，因為含有碳酸鈣而呈現藍綠色的泉水沿著溪谷奔騰而下。

「海底墳墓」

　　美國東北部紐約港的海底，靜靜地躺著一艘曾讓美國海軍引以為豪的戰艦。它在神祕沉沒後卻又成為了令人疑懼的海底墳墓。這就是「聖達戈」號。1918年7月19日，雖然第一次世界大戰還沒結束，但是大西洋這個天然屏障保障了美國本土的人民的和平，歐洲的戰火似乎很遙遠，因此美國東北部紐約港長灘吸引著許多觀光客，一時間遊人如織。此刻，一艘大型戰艦進入了人們的視野，這就是美國海軍大型戰艦「聖達戈」號戰列巡洋艦，它正從美國北部新罕布什爾州普茨茅斯軍港駛來向紐約港口。其實，「聖達戈」號是後來的稱呼。在1904年下水的時候，人們叫它「加利福尼亞」號。該艦全長100公尺，寬約23公尺，人員編制為829名，於1907年正式服役。1914年一戰爆發後，它正式更名為「聖達戈」號，成為美國海軍太平洋艦隊的旗艦，巡遊在浩瀚的太平洋上。

　　美國參加第一次世界大戰後，它加入了對德國的海

戰，並於1917年7月經由巴拿馬運河進入大西洋，負責護衛美國海軍戰艦作戰。它是美國海軍的一大驕傲，因為它既有戰列艦的身軀又有巡洋艦的作戰性能。一旦開戰，它可以對多個方向的敵艦進行猛烈轟擊，可謂一座威力巨大的海上作戰平臺。它配備有32門火炮，包括14門150毫米火炮和18門70毫米火炮，擁有強大的火力作戰系統正是它最大的優勢。然而就在「聖達戈」號繼續向長灘行駛時，災難降臨了。大約11時5分，巡洋艦下方突然傳來了巨大的爆炸聲。爆炸雖然發生在水底，但是因為聲音太大，連附近的島民和海軍後備站的軍官都聽到了。所有的水兵都被巨大的震動震得站立不穩，有的甚至跌倒在地。

爆炸發生在巡洋艦發動機艙左舷，造成了巨大的窟窿，導致海水洶湧而進。一位水兵事後回憶說：外部巨大的爆炸炸裂了巡洋艦吃水線下的艦體，把左舷發動機艙與8號鍋爐房之間的艙壁炸的完全扭曲。海水從鍋爐房進入發動機艙。很快的，發動機艙就灌滿了水，戰艦開始下沉。在爆炸的瞬間，3名士兵當場死亡。

附近的美軍其他戰艦，包括驅逐艦和護衛艦，發現巡洋艦出事後，立刻趕過來救援。但是因為巡洋艦的窟窿太大了，其他戰艦根本無法挽救它的下沉。短短的28分鐘

後，「聖達戈」號就沉入了海底。還好其他戰艦進行了及時的營救工作，1177名官兵被救起。此外，巡洋艦的28名水兵落水後，便向沿岸游去。14公里的距離，水兵們花了很長的時間才游到岸邊，巡洋艦艦長則一直堅守著戰艦。直到大家都已撤離，他才最後一個離開。巡洋艦最後共死亡6名水手。事後，美國海軍成立了調查小組展開調查。大家都認為，艦長及時地讓戰艦進入了戒備，並採取了有效的措施，因此並無過錯。那麼，巡洋艦究竟發生了什麼事，是怎麼沉沒的？調查認為，巡洋艦很可能遇到了德軍一艘代號為U-156的潛艇，還有可能是遇到了水雷，因為那艘德國潛艇後來也沉沒了。但是調查組沒有獲得任何證據，美國海軍最終仍無法確定「聖達戈」號到底是被潛艇魚雷擊沉的還是被潛艇佈設的水雷炸沉的。

近百年來，「聖達戈」號一直躺在海底。它當初的離奇沉沒一直是個謎。許多人都想弄清楚它當年沉沒的祕密。但是迄今為止，至少已經有6名潛水夫在水下探摸巡洋艦情況時死亡。這樣，這艘巡洋艦先後共導致了12人死亡，「聖達戈」巡洋艦成了令人恐懼的「海底墳墓」。也許，等到將來某一天美國海軍有時間和精力把「聖達戈」號巡洋艦打撈出水，真相才能大白。

英國的死亡崖

在英國東海岸的東伯恩，有一個非常吸引人的遊覽勝地，那是一處懸崖峭壁，它如刀削般直立海邊，崖頂俯視英倫海峽，風光如畫，綠草如茵，景色優美。但是這處景色優美的地方，竟然就是出名的死亡之崖呢？

英國一家醫院的一位心理醫生已對很多遊客在那裡跳崖自殺的事進行了20多年的研究。他發現第一件在此跳崖自殺的事情發生在1600年，接著選擇此處結束生命者越來越多。很多自殺者原本是乘興而來遊山玩水的遊客，事先幾乎都沒有自殺的企圖。那麼，為什麼會有這樣的舉動呢？他認為，很多人由於置於迷人風景之中，陶醉於這片令人心曠神怡的環境之中，然後產生了一種莫名其妙的難以自制的心理，促使他們自殺。自殺者是可能出於一時的意亂情迷，然後情不自禁地走上了自殺之途，連自己究竟在做什麼都不知道。這種情況在心理學上也可以做出合理的解釋，但也有些自殺案例確實令人費解。

　　幾年前，一位美國大學教授攜妻子來英國渡假。他們共同遊覽了東伯恩山崖，當時並沒有意外。但夫婦倆回到倫敦準備啟程回美國時，教授的妻子突然神祕失蹤。原來她獨自一人搭火車再到死亡之崖，並從上面跳下去。這位教授說，他和妻子一直感情很好，這次旅行也很快樂，妻子沒有自殺的理由，因此他百思不得其解。

　　許多年來，情不自禁地跳下懸崖的自殺者已有上千。他們不是葬身海邊亂石之中，就是被海浪捲走，至今沒有生還者。近年來，這個叫做東伯恩的地方已成為人們自殺的熱門地點。每年依然會有很多來自美國、法國和荷蘭的遊客前來遊覽，他們登上崖頂，面對英倫海峽，眺望煙波浩瀚的大海，心情升起了無法言表的興奮之情，彷彿置身在天國。也許他們就是在飄飄然之中情不白禁地想投人崖下大海的懷抱，在這種莫名的感覺的推動下，縱身跳下懸崖，就此結束生命，告別了這個世界。

　　死亡之崖屹立在英倫海峽邊，悲劇至今仍在不斷發生。從崖上縱身一跳，6秒鐘後就粉身碎骨。到底這麼多人在此自殺的原因究竟何在？有人甚至說，這些遊客可能是受到魔鬼的引誘，但真正的原因仍是一個謎。

會吞噬新娘的魔洞

　　埃及列基沙特亞市一條名為勒比坦尼亞大街上有著專門吞噬新娘的「魔洞」。從1973年到1976年，先後有6位新娘消失在這裡。

　　第一次新娘失蹤事件發生在1973年3月的一個晚上。當時，新婚的阿克沙德陪著新娘梅麗柏正在坦尼亞大街上散步，路面上突然間出現了一個不大的洞穴，梅麗柏隨即跌入洞中，並且蹤影全無。同年10月，一對新婚的美國夫妻來埃及旅遊，而女方就在眾目睽睽之下失足陷入一個剛剛出現在面前的洞穴中，身子一晃，就無影無蹤了。

　　其後的幾年裡，又發生了4起新娘失蹤案。最後一起發生時，新郎比爾正帶著新婚妻子瑪利亞在坦尼亞大街上散步。瑪利亞突然被吸進了路旁的一個小洞，比爾急忙報警。員警迅速趕到現場，發現那是水務局掘地修理地下管道後留下的一個小洞，不過半尺深。

　　員警立刻叫來水務局的工人，讓他們用鏟土機把路面

掘開，還向下掘四、五公尺深，卻一點線索都沒有找到。
警方為此還成立了專案小組，對發生在坦尼亞大街上的一
系列失蹤案進行嚴密的調查，卻始終沒有進展。

奇石殺人

在非洲馬里境內，有一座名叫耶名山高山。1968年8月，地質勘察隊隊長阿勃率領6名隊員進山工作。他們在山中發現並挖掘起一塊重達5噸重的石頭。這塊形如雞蛋的巨石上半部透著藍光，下半部呈金黃色。隊員們設法把巨石搬上卡車，準備運下山後再慢慢進行研究。但是奇怪的事情發生了。

卡車走了半天後，負責運石頭的6名隊員突然覺得渾身麻木，而且視覺也漸漸變模糊。眾人驚慌地跑下山去醫院急診。醫生經過檢查，發現他們全身都已染上很多放射性氣體。一個月後，這6名隊員先後死於醫院。而隊長阿勃雖然並沒有動手搬過石頭，但因為他曾在這塊石頭上休息過，不久也死在病床上。馬里的科學家至今還沒有找到原因。

不可思議的火山足印

　　在尼加拉瓜西部馬納瓜湖以南有一個叫阿卡華林卡的
地方，它曾經是一個默默無名的普通的窮鄉僻壤，然而一
夜之間卻變成了當今尼加拉瓜的旅遊勝地，這正是得益於
這裡發現的一處神祕的古人類足跡遺址。整個古人類足跡
遺址由兩個石坑組成，一個為正方形，另一個呈長方形，
坑深約2～3公尺，坑底是石頭地面。一行行深淺不一的腳
印排列在這些平坦整齊的石頭地面上，在這些人類的腳印
中間時而還夾雜著一些動物的足跡。足跡大小、深淺都清
晰可見，彷彿人類在雨後的泥土上走過留下的。但令人費
解的是，為什麼這一帶的地面全是石頭？而這些明晰可鑒
的腳印又怎麼能在堅硬的石頭上留下來？

　　考古工作者和科學家們認為：這裡的石頭是由附近火
山噴發出來的岩漿冷卻、凝固、硬化而形成，而這些腳印
則是在岩漿尚未硬化前留下來的。也就是說，人類與動物
曾在滾燙的岩漿上行走了。

泰國「猛鬼村」

　　泰國一方面有佛國之稱，而另一方面又流傳著不少鬼神傳說，而且還有一個「猛鬼村」。這個猛鬼村就是一個叫UDONTHANI的省份，每年六月二十四日都會舉行「猛鬼遊行節」的慶祝活動。據說，參加遊行之前必須先到佛寺祈福，才能避免被惡鬼纏身，否則後果不堪設想！那麼，猛鬼節背後究竟隱藏著怎樣不可告人的祕密呢？

　　相傳很久很久之前，在現在舉行巡遊的鄉間叫LOEI，稱為黎府。那裡有一日突然發生了一場大瘟疫，一星期內就死了近百人。當時的政府為了阻止瘟疫蔓延，便下令一把大火將所有得病人、死人燒個精光，而那天正好是六月二十四日。從那之後，每年的這一天街上便會有鬼影幢幢，有人撞鬼，有人見鬼，十分恐怖，因此一到當日，所有店鋪都會關門歇業，不做生意，而每人都不敢出門半步。

　　這樣的情形持續了好幾年，直至某一年有位高僧路過此地。他洞悉天機後便在一個佛寺中做法事，在那裡把鬼

魂招來「談判」。最後他將鬼魂安撫好，且答應每年此日
會舉行路祭來超渡祂們，事情就此解決。而從此每年六月
二十四日便一定有活動，現在已經由路祭改為巡遊。但有
關鬼魂作怪之事依然時有發生，有些市民在巡遊之時一不
小心就可能被鬼魂選中，遭到猛鬼上身，就不得不讓和尚
作法。

這一天，「黎府」市區內一片陰氣，且街上行人寥
寥，店鋪也紛紛關門。但沒過多久，就能見到人潮湧出，
原來所有人都在把自己裝扮成鬼，有大人，也有青少年。
他們自己動手設計了一些鬼面具、鬼服裝，然後來到在街
上又唱又跳。雖然設計各不相同，但都有個共同點，那就
是有個長鼻子，據說這就是鬼魂的真面目。雖說一不小心
可能會撞上鬼，但當地人現在基本上都把它當作是一種好
玩的節日，也不介意真的撞鬼又或者被上身。不過玩歸
玩，有些規矩禁忌也當遵守：

1、不可以單獨一人扮鬼玩，上街一定要一堆人
　　一起玩。

2、凌晨五點之後，不可再扮鬼玩，尤其天黑時
　　更加不行。

3、孕婦及初生嬰兒不可以參加，否則後果嚴重。

i-smart

智學堂

智慧是學習的殿堂

★ 親愛的讀者您好，感謝您購買 <u>世界奇人異事大搜密！</u> 這本書！
超驚奇！

為了提供您更好的服務品質，請務必填寫回函資料後寄回，
我們將贈送您一本好書（隨機選贈）及生日當月購書優惠，
您的意見與建議是我們不斷進步的目標，智學堂文化再一次
感謝您的支持！

想知道更多更即時的訊息，請搜尋"永續圖書粉絲團"

您也可以使用以下傳真電話或是掃描圖檔寄回本公司電子信箱，謝謝！

傳真電話： 電子信箱：

（02）8647-3660 yungjiuh@ms45.hinet.net

姓名：_____ ○先生 ○小姐 生日：_____ 電話：_____

地址：_____

E-mail：_____

購買地點（店名）：_____ 購買金額：_____

職　　業：○學生 ○大眾傳播 ○自由業 ○資訊業 ○金融業 ○服務業 ○教職
　　　　　○軍警 ○製造業 ○公職 ○其他_____

教育程度：○高中以下（含高中） ○大學、專科 ○研究所以上

您對本書的意見：☆內容　　　　○符合期待 ○普通 ○尚改進 ○不符合期待
　　　　　　　　☆排版　　　　○符合期待 ○普通 ○尚改進 ○不符合期待
　　　　　　　　☆文字閱讀　　○符合期待 ○普通 ○尚改進 ○不符合期待
　　　　　　　　☆封面設計　　○符合期待 ○普通 ○尚改進 ○不符合期待
　　　　　　　　☆印刷品質　　○符合期待 ○普通 ○尚改進 ○不符合期待

您的寶貴建議：